# CHRISTIN FERRETTI
## INDIAN SUMMER

CHRISTIN FERRETTI

# INDIAN SUMMER

## Die indianische Küche

Fotos von
Antonio Ferretti

**MARY HAHN VERLAG**

Besuchen Sie uns im Internet unter: http://www.maryhahn-verlag.de

2. Auflage 2004 – Sonderproduktion
© 2000 by Mary Hahn Verlag in der
F.A. Herbig Verlagsbuchhandlung GmbH, München
Alle Rechte vorbehalten
Umschlaggestaltung: Wolfgang Heinzel
Umschlagmotiv oben (Ausschnitt): »Indian and Encampment« von Albert Bierstadt
Fotos: Antonio Ferretti außer Seiten 132/133: Bildarchiv Preußischer Kulturbesitz, Berlin
Layout: Wolfgang Heinzel
Satz und Herstellung: VerlagsService Dr. Helmut Neuberger
& Karl Schaumann GmbH, Heimstetten
gesetzt aus der 11/14,5 Punkt PerpetuaBQ Roman
Druck und Binden: Graficas Estella
Printed in Spain
ISBN 3-87287-482-9

Abkürzungserklärungen:
EL= Eßlöffel
TL=Teelöffel
ml=Milliliter
l=Liter
cl=Zentiliter
g=Gramm
kg=Kilogramm
cm=Zentimeter

# INHALT

# Die Zukunft der indianischen Kinder

l879 gründete Captain Richard H. Pratt in Carlisle, Pennsylvania, im Gebäude eines früheren Militärpostens die erste »Boarding School«. Diesem Internat folgten viele weitere. Die Kinder mußten sich von ihren Eltern trennen. Ihnen wurde ihr wunderschönes langes Haar abgeschnitten, was für sie so verletzend war wie eine Kahlrasur für uns, und ihre bequeme Lederkleidung wurde gegen eine Uniform eingetauscht. Den Schülern war verboten, in ihren Sprachen zu sprechen und zu beten. Taten sie es trotzdem, wurden sie geschlagen, was sie von ihren Eltern nicht kannten.

Heute sind diese Schulen humaner geworden. Die Kinder werden in Englisch und in ihren eigenen Sprachen unterrichtet, und ihre Kultur wird gepflegt. Nach dem Unterricht können sie in Bussen nach Hause fahren. Dennoch beenden in vielen Indianer-Reservaten nur etwa die Hälfte der Schüler die High School. Die Kinder und Jugendlichen brauchen finanzielle, aber auch emotionale Unterstützung, damit sie ihre Erziehung und damit ihre Zukunft sichern können.

**In der Hoffnung auf viele neue Unterstützer widme ich dieses Buch der Zukunft der indianischen Kinder**

# BLESSING THE CORN- FIELDS

*Sing the blessing of the cornfields!*
*Buried was the bloody hatchet,*
*Buried was the dreadful war-club,*
*Buried were all warlike weapons,*
*And the war-cry was forgotten.*
*There was peace among the Nations;*
*Unmolested roved the hunters,*
*Built the birch-canoe for sailing,*
*Caught the fishes in lakes and rivers,*
*Shot the deer and trapped the beaver,*
*Unmolested worked the women,*
*Made their sugar from the maple,*
*Gathered wild rice in the meadows,*
*Dressed the skins of deer and beaver ...*
*Even as Hiawatha taught them.*

# LOBPREIS DER MAIS FELDER

*Besingt die Weihung der Maisfelder!*
*Begraben war das blutige Kriegsbeil,*
*Begraben war der drohende Stab des Streites,*
*Begraben waren alle kriegerischen Waffen*
*Und der Kriegsruf war vergessen.*
*Es herrschte Frieden unter den Stämmen;*
*Ungestört streiften die Jäger umher,*
*Bauten das Kanu aus Birkenrinde zum Paddeln,*
*Angelten den Fisch in Seen und Flüssen,*
*Sie erlegten das Wild und fingen den Biber;*
*Ungestört arbeiteten die Frauen,*
*Kochten ihren Sirup vom Baum des Ahorns,*
*Ernteten den wilden Reis in den Sümpfen,*
*Gerbten die Häute von Wild und Biber ...*
*Ganz wie Hiawatha sie gelehrt hatte.*

# VORWORT

In der westlichen Welt hat sich die Ernährung mit Hilfe der amerikanischen Urbevölkerung entwickelt. So wie die moderne Zigarre nach Europa kam, auf die britische Forscher bei einem Rauchritual in Amazonien trafen, kam auch die unersetzliche Tomate von den Ureinwohnern in Pasta- und Fleischgerichte in jeder Küche und jedem Restaurant von Italien bis Deutschland ... ganz zu schweigen vom Einfluß der Kartoffel. Wie würden europäische Lieder klingen, wenn es nicht die Früchte und das Gemüse der Stammeswelt gäbe.

Die Küche der amerikanischen Urbevölkerung wurde von westlichen Regierungen und Religionen schwer angegriffen und beschädigt. Das beste Beispiel ist das Abschlachten der Büffel der großen Prärien in Amerika. Mit der versuchten Ausrottung dieses großen Freundes und Verwandten der Präriestämme hoffte die amerikanische Regierung, die Kultur der herausfordernden und schönen Menschen würde verschwinden. Aber wir verschwanden nicht. Wir trugen unsere Kultur zu den entlegensten Gebieten und Reservaten und erhalten sie bis heute in respektvoller, traditioneller Art aufrecht. Sollten Sie jemals eine unserer Zeremonien (»Pow wows«) besuchen, werden Sie dort ein Arrangement an köstlichen Gerichten der verschiedenen Stämme finden, daß Ihnen das Wasser im Mund zusammenläuft. Von den Mais-, Zucchini- und Bohnenspezialitäten der östlichen Waldländer zu den nahrhaften Eintöpfen und Broten der Wüsten des Westens. Vom Wildreis und den Beeren des Nordens bis nach Oklahoma und zum Südwesten, wo noch heute über fünfundzwanzig Stämme leben und einen Reichtum an Stammesgerichten anbieten. Nahrung ist Leben wie das Wasser und die Sprache. Die Kulturen der Stammeswelt haben eine unsagbare Freude an diesem Aspekt des Lebens. Heute kämpfen wir gegen den ungeheuren Druck der Regierung, die wünscht, daß wir uns anpassen oder gar verschwinden. Aber das werden wir nicht. Ich möchte jeden Politiker und jedes Mitglied des Chief Executive Offce auffordern, die die Politik der Anpassung gegen die Stammesvölker der Welt machen, heute abend sein Essen zu betrachten.

Christin Ferretti hat viele Stämme besucht. Sie teilt mit ihrem Mann Antonio die Liebe zu Kunst, Kultur und Nahrung der indianischen Völker, die sie auf ihren Reisen getroffen haben, und sie sponsern ein junges Mädchen vom Stamm der Hopi in Arizona.

Die Ferrettis haben Rezepte eines Volkes gesammelt, das überleben wird. In einer Zeit, in der sogar Grundnahrungsmittel genmanipuliert werden, ist es erfreulich, ein Buch zu öffnen, dessen Absicht das Bewahren indianischer Rezepte ist.

Lesen Sie dieses Buch bei guter Gesundheit, und wie wir in der Sprache der Cheyenne sagen: »Ni piva missists« – »Laßt es euch gut schmecken!«

*Lance Henson*
*Dichter und Schriftsteller*
*vom Stamm der Cheyenne*
*in Oklahoma*

# EINLEITUNG

Noch immer gehen die Meinungen auseinander, wo die Indianer ihren Ursprung haben. Die Amerikaner nennen die Indianer zwar »Native«, Eingeborene, vertreten jedoch die Theorie, daß die Rothäute aus der asiatischen Steppe über die Beringstraße auf den nordamerikanischen Kontinent emigrierten. Die Eiszeit 8000 v. Chr. soll die Übersiedlung ermöglicht haben. Und tatsächlich: der »Hogan«, die klassische achteckige Behausung der Navajo, erinnert an die Jurten der Mongolen. Der Iglu der Inuit, der Eskimos, ähnelt mit seiner kuppelförmigen Struktur den Zelten der Kirgisen in den asiatischen Steppen. Und ebenso gleichen die Pyramiden von Yukatan denen in Ägypten.

Das Studium der Überreste einstiger Wohnstätten, Gräber und menschlicher Körper, die im Schlamm des unteren Flußlaufs des Mississippi mumifiziert worden waren, zwang die Wissenschaftler jedoch, das Auftauchen von Menschen auf dem amerikanischen Kontinent ständig vorzudatieren.

Anfang 1995 sprach man davon, daß auf dem Colorado Plateau bereits 18 000 v. Chr. Menschen lebten. Und vor der Küste San Diegos in Kalifornien fand man sogar einen Schädel, den »Del-Mar-Man«, der 50 000 Jahre alt ist.

Die Küche der Indianer ist von Nordamerika geprägt, Spuren der asiatischen Kochkunst sind nicht zu finden. Die Rothäute lebten von dem, was ihnen die Natur bot: Die Nomaden der Great Plains, der Prärien, waren Jäger und ernährten sich hauptsächlich vom Fleisch der Büffel, Hirsche, Elche, Biber und Waschbären. Stunden- und tagelang folgten sie lautlos ihrer Beute. Doch wäre es ihnen nie in den Sinn gekommen, die Büffel in ein Gehege zu sperren. Sie liebten ihre Freiheit und respektierten auch die des Tieres. Zur Hauptgrundlage der Ernährung gehörten außerdem Geflügel und Fisch. Für Abwechslung bei Geschmack und Konsistenz sorgten Samen, Nüsse und Wurzeln. Beeren, Früchte und Ahornsaft gaben den Speisen Süße. Die seßhaften Stämme der Pueblo-Indianer im Südwesten bauten Gemüse an und trockneten es für den Winter.

Seit Generationen bauen die Indianer Mais an und züchten ihn in verschiedenen Farben. Für die Stämme im Südwesten der USA symbolisieren die Farben Weiß, Blau, Rot und Gelb die vier Himmelsrichtungen, der bunte Mais den Zenit um 12 Uhr mittags

(high noon) und Schwarz die Mitternacht.

Eine wichtige Rolle spielten natürlich die Jahreszeiten: Während es zur Jagd- und Sammelzeit reichlich zu essen gab, wurde es in der übrigen Zeit knapp, da auch die Lagerung und Konservierung nicht einfach war.

Das Essen wurde gekocht, über dem offenen Feuer gebraten oder in einer mit heißen Steinen ausgelegten Grube gebacken. Indem feuchte Blätter in die Kohlengrube gelegt wurden, wurde gedämpft. Die europäischen Siedler brachten dann Messing- und Kupferkessel, die sie gegen Tierhäute tauschten und die zum Statussymbol einer jeden indianischen Hausfrau wurden.

Die Samen und Nüsse wurden roh und geröstet gegessen oder gemahlen und mit dem Mehl Brot gebacken. Die Beeren wurden getrocknet oder mit Fleisch

Joseph Henry Sharp, Benjamin West, Alfred Jacob Miller, Charles Bird King) sowie des Schweizers Karl Bodmer und nicht zuletzt auf den außerordentlichen Fotos von Edward Curtis. Betrachtet man dagegen die Adeligen auf den Gemälden von Rembrandt, Holbein oder Vermeer, sieht man die fettleibigen und blutarmen Reichen, die mit Schröpfköpfen behandelt oder zur Ader gelassen werden mußten. Oder man sieht die abgemagerten und kranken Armen, die es bei den Rothäuten nicht gab, da diese keinen Besitz kannten. Die Hauptmahlzeit wurde am späten Vormittag nach dem Aufstehen gegessen. Gekocht wurde alles in einem Topf (deshalb die vielen Eintöpfe), aus dem dann alle aßen. Besteck gab es keines, vermutlich wurde das Brot, das es als Beilage gab, zur Hilfe genommen. Und es gab aus Holz oder Tierhörnern geschnitzte Löffel. Aber auch nach dieser Mahlzeit gab es immer etwas zu essen: Über dem Feuer hing ein Topf, aus dem man sich bedienen konnte und Gäste versorgt wurden, oder man aß Nüsse und Früchte.

Für die Nahrung wurde von allen Stamesangehörigen gemeinschaftlich gesorgt. Die Indianer aßen auch gerne zusammen, und Festessen hatten eine wichtige Bedeutung innerhalb von Zeremonien. Umgekehrt wurden auch Zeremonien gefeiert, um Nahrung zu erbitten.

Viele Indianer leben heute nicht mehr in ihrer ursprünglichen

und Fett zu einer Paste, dem Pemmikan, verarbeitet. Und auch Fleisch wurde, um es zu konservieren, an der Luft getrocknet oder geräuchert.

Die Zutaten wurden einfach kombiniert und die Gerichte kaum gewürzt: vielleicht kam ein wenig Holzasche hinzu, Salz, einige Chilischoten oder schmackhafte Beeren.

Diese natürliche und ausgewogene Ernährung der Indianer war sehr bekömmlich und gesund. Gemästetes Vieh, fettige Braten, angedickte Soßen, mit Sahne verfeinert, waren ihnen – wie der Alkohol – fremd. Erst der weiße Mann führte die Rinder- und Schweinezucht ein, Hühner vom Fließband und gestopfte Gänse.

Wie gut es den Indianern ging, sieht man deutlich auf den Bildern der letzten Jahrhunderte: auf Zeichnungen der Jesuiten wie der »Narratio Regionem« aus dem Jahre 1552, den Lithographien von T. Sinclair, den Gemälden der amerikanischen Maler (Frederic Chapman, George Catlin, Alfred Bierstadt,

Heimat. Unter dem Druck der europäischen Einwanderer unterzeichneten sie Verträge, mit denen sie ihr Land aufgaben, oder aber sie wurden vertrieben. In ihrer neuen Heimat fanden sie neue Nahrungsmittel, und auch von den Europäern übernahmen sie Eßwaren und Zubereitungstechniken. Rind- und Schweinefleisch, Hühnereier, Weizenmehl und Früchte wie die Orangen, Zitronen und Pfirsiche beispielsweise kannten die Indianer vor der Ankunft der Europäer nicht. Häufig leben die Rothäute unterhalb der Armutsgrenze und erhalten vom Staat »Food stamps«, Lebensmittelmarken, die sie in den Supermärkten einlösen können. Viele Jugendliche verlassen die Reservate und gehen in die Stadt, werden zu »City Indians«. Die alten Kochtraditionen werden sie dort vermutlich weniger pflegen, sondern sich vom amerikanischen »Fast food« ernähren. Kartoffeln, Tomaten, Mais, Paprika, Zucchini, Kürbis und Bohnen, Chili, Vanille, Kakao und Kaffee – fester Bestandteil der indianischen Küche, lernte man in Europa erst nach der Entdekkung Amerikas kennen. Die armen Europäer mußten sich oftmals mit einem Kanten Brot oder einem zähen Brei begnügen, während die Wohlhabenden gerne ein Stück Fleisch genossen. Der Pfeffer war ihnen vorbehalten, und sie verwendeten ihn reichlich, schon um den »Hautgoût«, den strengen Geschmack des verwesenden Fleisches zu überdecken.

Der Zufall wollte es, daß der Speiseplan der Europäer durch die Nahrungsmittel der amerikanischen Ureinwohner bereichert wurde. 1492 erteilte Königin Isabella von Kastilien Christoph Kolumbus die Erlaubnis, auf dem Seeweg in Indien Gold, Seide und nicht zuletzt Pfeffer zu holen. Sie stattete ihn mit drei Schiffen aus, der Nina, der Pinta und der Santa Maria, der Kleinen, der Gemalten und der heiligen Maria. Nach seiner ersten Rückkehr wurde Kolumbus gefeiert, nach der zweiten verdächtigt, nach der dritten ausgelacht und nach der vierten mußte er sogar ins Gefängnis: Außer halbnackten Indianern, bunten Papageien und fremdartigen Lebensmitteln hatte er nichts mitgebracht – doch die Leute wollten Gold. Es vergingen Jahrhunderte, bis die Menschen begriffen, welchen Reichtum ihnen Kolumbus beschert hatte. Als Millionen Menschen ihren Hunger damit stillen und ihre Tiere füttern konnten, begannen sie, die Früchte der Neuen Welt zu preisen.

Zunächst war es jedoch schwierig, die Hungernden beispielsweise von der Kartoffel zu überzeugen, einer Knolle, die unter der Erde wächst, in der Bibel nicht erwähnt wird und als Teufelszeug bezeichnet wurde. Es bedurfte der regierenden Hand von absoluten, jedoch weitblickenden Monarchen wie Friedrich dem Großen und Katharina von Rußland, die die Bauern zwangen, Kartoffeln an-

zubauen, um ihre Familien und das Vieh zu ernähren.

Infolge der besseren Ernährung wurde die europäische Bevölkerung rasch größer, und viele Menschen wanderten aus in die Neue Welt, um dort ihr Glück zu machen. Auch Kühe und Hühner waren aufgrund der guten Ernährung gesünder und lieferten den Menschen im Gegenzug wiederum mehr Eier, Milch, Käse und Butter.

Als weitere Beispiele seien die Tomate und der Mais genannt, auch wenn man heute darüber streitet, wer diese zuerst mitbrachte und wer die verschiedenen Zubereitungsarten wie Tomatensauce oder Polenta erfand.

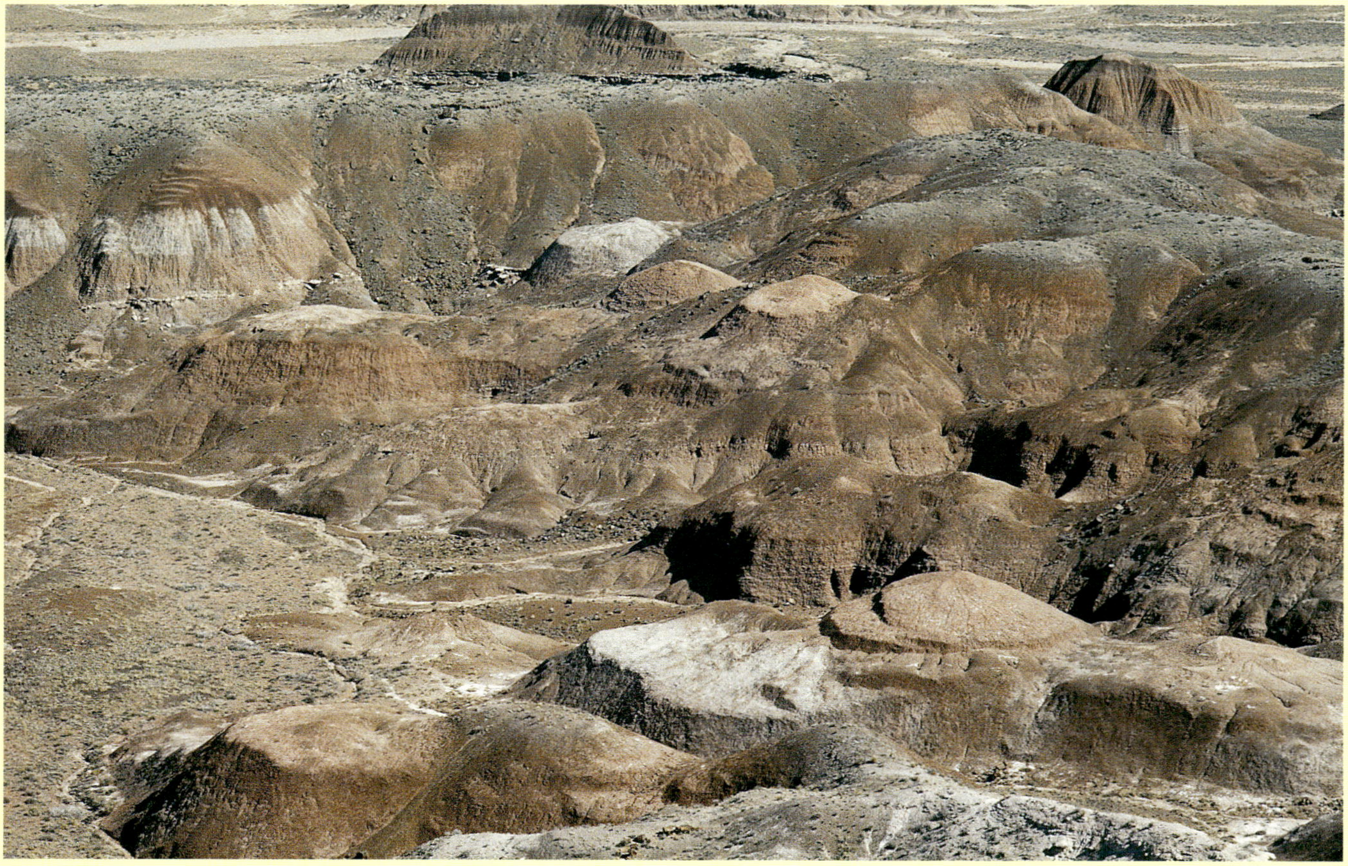

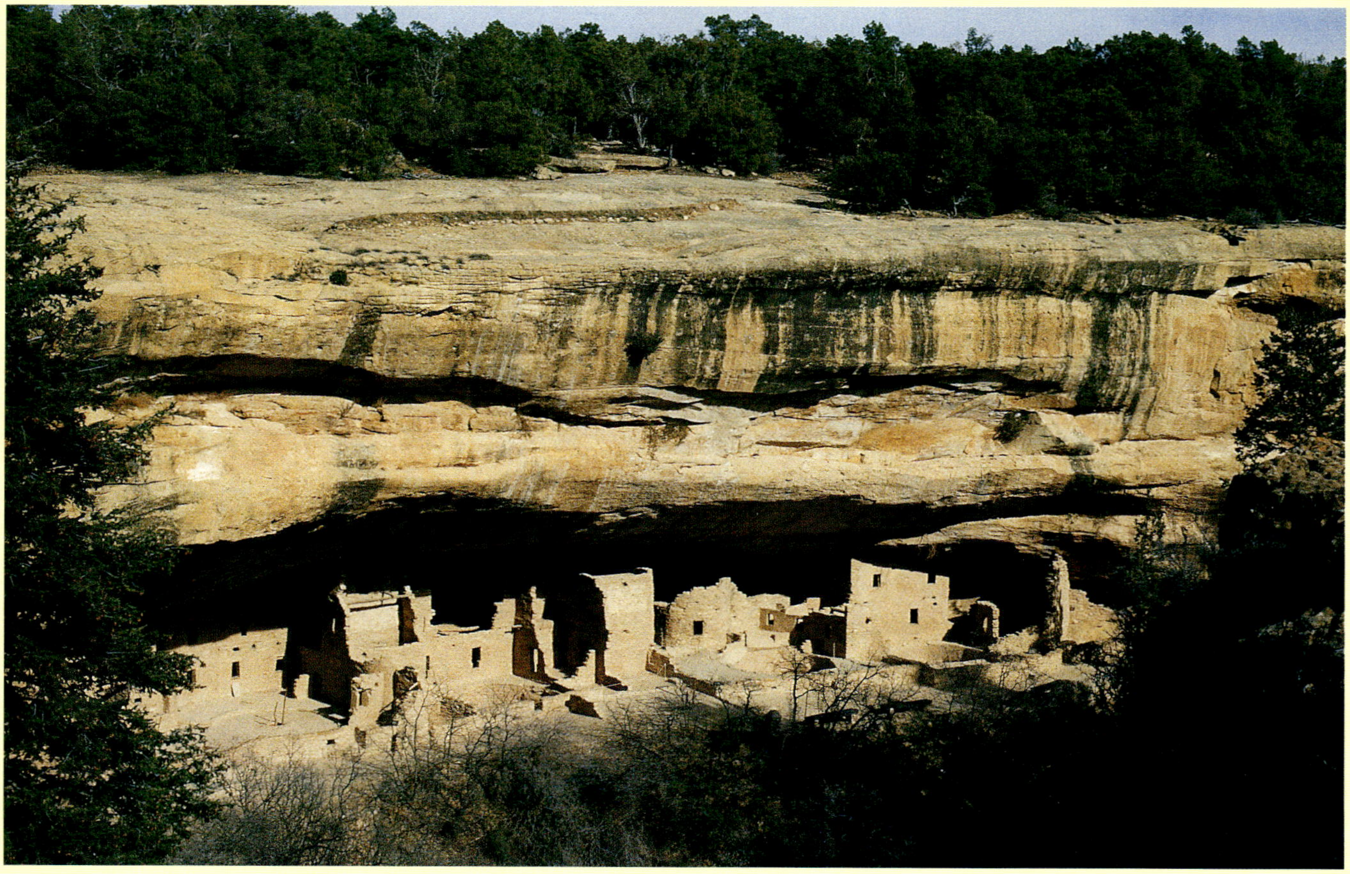

Der Mais und auch die Sonnenblume sind als Öllieferanten insbesondere für die kälteren Regionen Europas wichtig, in denen Olivenbäume, die viel Sonne und einen kalkhaltigen Boden benötigen, nicht gedeihen.

Heute gibt es eine Fülle an Produkten, die aus den Nahrungsmitteln der Neuen Welt hergestellt werden. Aus Mais wird nicht nur Öl, sondern auch Mondamin gemacht. Als Popcorn erfreut er jung und alt auf Jahrmärkten und im Kino. Plattgewalzt und geröstet gibt es ihn als Cornflakes auf vielen Frühstückstischen. Aus Kartoffeln werden Pommes frites – die ohne Tomatenketchup nur halb so gut schmecken – und vieles mehr hergestellt. Vanille und Kakao werden zu Eis und anderen Leckereien verarbeitet. Kaffeebohnen werden gemahlen und zu Kaffee aufgebrüht, der aus dem heutigen Leben nicht mehr wegzudenken ist. Und zum Kaffee wird eine Zigarette geraucht, deren Tabak seinen Ursprung

ebenfalls in der Heimat der Indianer hat.

Aber nicht nur die Küche der Europäer wurde durch die Produkte der Indianer bereichert, sondern auch der Arzneischrank. Die Einwanderer beobachteten Medizinmänner, die Fieber durch Handauflegen kurierten. Bei näherem Hinsehen entdeckten sie, daß der Heilkundige nicht seine blanke Hand auflegte, sondern darin versteckt ein Stück Baumrinde hielt. Ein Stück »Quina-quina«, der Rinde der Rinden, wie sie in der Sprache der Quechua heißt, wovon sich unser Wort »Chinin« ableitet. Als die Europäer die Kolonien in Afrika gründeten, war ihre größte Angst die Ansteckung mit Malaria (von »mal«, schlecht und »aria«, Luft), an der Tausende von Menschen starben. Zur Vorbeugung nahmen die Kolonisatoren täglich eine kleine Dosis des bitteren Chinin, das sie mit Zuckerwasser mischten – und auf diese Weise war das Tonic Water kreiert.

## Zu den Rezepten

Die Rezepte in diesem Buch sind hinsichtlich der Zutaten und der Zubereitungsweisen der heutigen europäischen Küche angepaßt. Auch bei der Auswahl der Rezepte wurde dem europäischen Geschmack Rechnung getragen: Nicht zu fnden sind marinierte Stachelschweinkoteletten, Klapperschlangen in

Gelee der Schwarzfußindianer, gefüllter Waschbär, Igel in Sauercreme der Waco, geröstete Biberschwänze, fritiertes Stinktier oder gesottene Eichhörnchen …

Blaues Maismehl, wie hier ver-

selbst trocknen und in einem Mörser zerkleinern kann.

Die größte Auswahl an getrockneten Bohnen, an Wildreis sowie an feinem und grobem Maismehl hat man in Bio-Läden. In asiatischen Geschäften finden sich »Nopales«, eingelegte Kaktusblätter sowie Chili.

Wilde Pfefferminze wächst auf dem europäischen Kontinent nur noch in den Marken in Italien. Wer keine Gelegenheit hat, sich dieses aromatische Kraut dort zu besorgen, kann es durch Oregano ersetzen.

Indianischer Essig wird aus dem Saft des Ahornbaumes und der Birke gewonnen. Der Saft wird in der Sonne fermentiert und dann durch ein Tuch gefiltert. Wenn der Essig vollständig gegoren ist, schwimmt gewöhnlich eine Fliege darin, die sogenannte Essigfliege. Dem Geschmack dieses Essigs ist der balsamische Essig am ähnlichsten.

Wilder Ingwer, auch »Kanadische Schlangenwurzel« genannt, wird von den Indianerstämmen im Norden der USA und in Kanada verwendet, wohingegen man in Europa orientalischen Ingwer bekommt.

Alle anderen Arten des in den Rezepten verwendeten Obstes und Gemüses, die Gewürze, Nüsse, das Fleisch und der Fisch sind überall im Handel erhältlich.

Die Maße wurden sehr genau übertragen. Das heißt, ein britisches Pound von 454 g ist hier nicht einfach ein Pfund von 500 g. Ob das etwas ausmacht?

Backen Sie einmal einen Kuchen mit 46 g mehr oder weniger Butter, Zucker, Kakao oder sonstigen Zutaten. Das Resultat wird jedesmal ein anderes sein. Genauso verhält es sich mit den Mengenangaben bei Flüssigkeiten: Ein amerikanischer »Cup«, der einen Viertelliter Wasser enthält, wird häufig einfach mit »Tasse« übersetzt. Nun haben manche Leute kleine, andere wiederum große und manch einer hat überhaupt keine Tassen im Schrank. Deshalb werden Flüssigkeitsmengen in Liter und Eßlöffeln angegeben.

wendet, gibt es in Europa nicht, aber das gelbe Mehl schmeckt genauso gut. »Corn husks«, Maishüllen, gibt es in jedem mexikanischen Geschäft zu kaufen. Ebenso Cayennepfeffer, gemahlener Chili, den man aber auch

# VOR-SPEISEN

*Pueblo fried Squash Blossom*

# FRITIERTE ZUCCHINIBLÜTEN AUS DEN PUEBLOS

**Als Vorspeise für 6 Personen**

30 Zucchiniblüten

2 Eier

6 EL Milch

Salz

1 TL Cayennepfeffer

100 g Maismehl

$^1/_2$ l Maisöl zum Fritieren

einige Limonenscheiben zum Garnieren

**1** Die Zucchiniblüten waschen und vorsichtig trockenschütteln.
**2** Die Eier in eine Schüssel aufschlagen, mit der Milch, dem Salz und dem Cayennepfeffer verquirlen.
**3** Die Zucchiniblüten durch die Eiermilch ziehen und im Maismehl wälzen, bis sie von allen Seiten bedeckt sind.
**4** Das Öl in einem Topf sehr heiß werden lassen und die Zucchiniblüten einzeln darin ausbacken, bis sie goldgelb sind. Mit einem Schaumlöffel herausnehmen und auf Küchenkrepp abtropfen lassen.
**5** Mit den Limonenscheiben belegen und heiß servieren.

### Tip:
Pflicken Sie die Zucchiniblüten am frühen Morgen vor dem Aufblühen.

### Die drei Schwestern

*Mais, Bohnen und Squash (Zucchini), die drei Schwestern, waren in der Tradition der Indianer stets weiblich und wurden nur von den Frauen angebaut. Diese gruben mit einem Grabstock Löcher in den Boden und gaben die Samenkörner des Mais hinein. Anschließend pflanzten sie die Bohnen, deren Sprößlinge sich an dem Maisstengeln emporrankten. Zum Schluß säten sie die Zucchini, deren große Blätter der Erde Schatten spendeten und sie vor dem Austrocknen bewahrte.*

*Es war dies eine sehr kluge Anbaumethode – im Gegensatz zu unseren heutigen Monokulturen, die den Boden auslaugen.*

### Schmuck der Kivas

*Zucchiniblüten werden von den Pueblo-Indianern, den ansässigen Dorf-Indianern Neu-Mexikos, nicht nur als Nahrungsmittel verwendet. Sie dienen auch als Schmuck für ihre Tänze oder zum Legen von Ornamenten auf den Altären ihrer »Kivas«, den heiligen Kultstätten, zu denen nur die Männer Zutritt haben. »Kiva« bedeutet Unterwelt, da diese Räume meistens unter der Erde liegen.*

### Squash blossom necklace

*Diese Halsketten werden heute fälschlicherweise als »Squash blossom necklace«, d.h. als Kürbisblüten-Halskette bezeichnet. In Wahrheit handelt es sich um Abbildungen von Granatäpfeln, die die Spanier aus Europa mitbrachten. Diese Art der Schmuckherstellung hatten die Spanier von den Arabern, den Mauren, gelernt. Der Anhänger, das »Naja«, stellt einen Halbmond dar, das Symbol des Islam.*

# GEFÜLLTE AVOCADO DER TAINO

**Als Vorspeise für
5 Personen**

3 Avocados
Saft von einer ausgepreßten
Limette
2 Tomaten
2 Frühlingszwiebeln
60 g Pinienkerne
Salz
Pfeffer
5 Blätter Petersilie
5 Chilis

1 Die Avocados halbieren und entkernen. Die Schnittflächen sofort mit Limettensaft beträufeln, damit sie sich nicht verfärben. Mit einem Löffel das Fruchtfleisch von einer Avocadohälfte aus der Schale lösen und in den Mixer geben.

2 Die Tomaten eine Minute in kochendes Wasser legen, kalt abschrecken und enthäuten. Die Tomaten halbieren und entkernen. Die Frühlingszwiebeln putzen, waschen und in Ringe schneiden. Einige Ringe zum Garnieren beiseitelegen.

3 Die Tomaten zusammen mit den Frühlingszwiebelringen, 50 g Pinienkernen, Salz und Pfeffer sowie dem restlichen Limettensaft zum Avocadofleisch in den Mixer geben und das Ganze zu einer cremigen Masse pürieren.

4 Die Masse in die Avocadohälften füllen und das Ganze mit den Petersilienblättern, den Chilis und den restlichen Frühlingszwiebelringen garnieren.

## Indianische Transportmittel

*Bevor spanische Konquistadoren das Pferd einführten, benutzten die Indianer Hundeschlitten, um ihr Hab und Gut zu transportieren. Den Hunden wurden zwei Stangen an die Flanken gebunden, und darüber wurde ein Büffelfell gespannt. Auf diesen Stangenschlitten, die später mit dem französischen Wort »Travois« bezeichnet wurden, transportierten sie nicht nur ihren Haushalt, sondern die kleinsten Kinder durften sich darauf ausruhen. Die Karawanen legten Hunderte und sogar Tausende von Kilometern zurück, besonders die Stämme der »Plains«, die den Büffelherden folgten. Wenn diese Nomaden dann den geeigneten Lagerplatz gefunden hatten, wurden den Hunden und später dann den Pferden die Stangen abgenommen und zum Aufbau der Tepees verwendet.*

*Wild Rice Salad from the Chippewa*

# WILDREISSALAT DER CHIPPEWA

**Als Vorspeise für
6 Personen**

200 g getrocknete
schwarze Bohnen
200 g Wildreis
1 Bund Rucola (Rauke)
1 Frühlingszwiebel
5 EL Maisöl
3 EL Essig
Salz
1 TL Cayennepfeffer

**1** Die Bohnen über Nacht in
reichlich Wasser einweichen.
Am nächsten Tag abgießen und
mit frischem Wasser zum Kochen bringen. Die Bohnen
etwa 30 Minuten garen, bis sie
weich sind, dann abgießen und
beiseite stellen.
**2** Inzwischen den Wildreis
nach Herstelleranweisung garen.
**3** Rucola waschen, abtropfen
lassen und kleinschneiden. Die
Frühlingszwiebel putzen, waschen und in feine Ringe
schneiden.
**4** Das Öl mit dem Essig, dem
Salz und dem Cayennepfeffer zu
einer Marinade verrühren. Bohnen, Wildreis und Rucola in die
Marinade geben und alles gut
vermengen. Den Salat mit
den Frühlingszwiebelringen
garnieren.

### Manoomin

In der Sprache der Chippewa ist die
Bezeichnung für Wildreis »Manoo-
min«. Im Wildreis-Mond, im Septem-
ber, wurde er in den Ufergebieten der
Großen Seen im heutigen US-Staat
Minnesota von Kanus aus geerntet.
Gekocht wurde er früher in Behältern
aus Birkenrinde, die sie »Makuks«
nannten.
Nach alter Tradition feiern die
Chippewa noch heute jedes Jahr im
Herbst ihr »Manoomin Festival« mit
Tänzen, Gesängen und viel Wildreis.
Eigentlich handelt es sich bei dem
Wildreis gar nicht um Reis, sondern
um das Korn des blühenden Wasser-
grases »Zizania aquatica«. Aber
ganz gleich, ob es sich nun um echten
oder falschen Wildreis handelt – dieses kostbare Korn ist wesentlich pro-
teinreicher als herkömmlicher, ge-
schälter Reis.

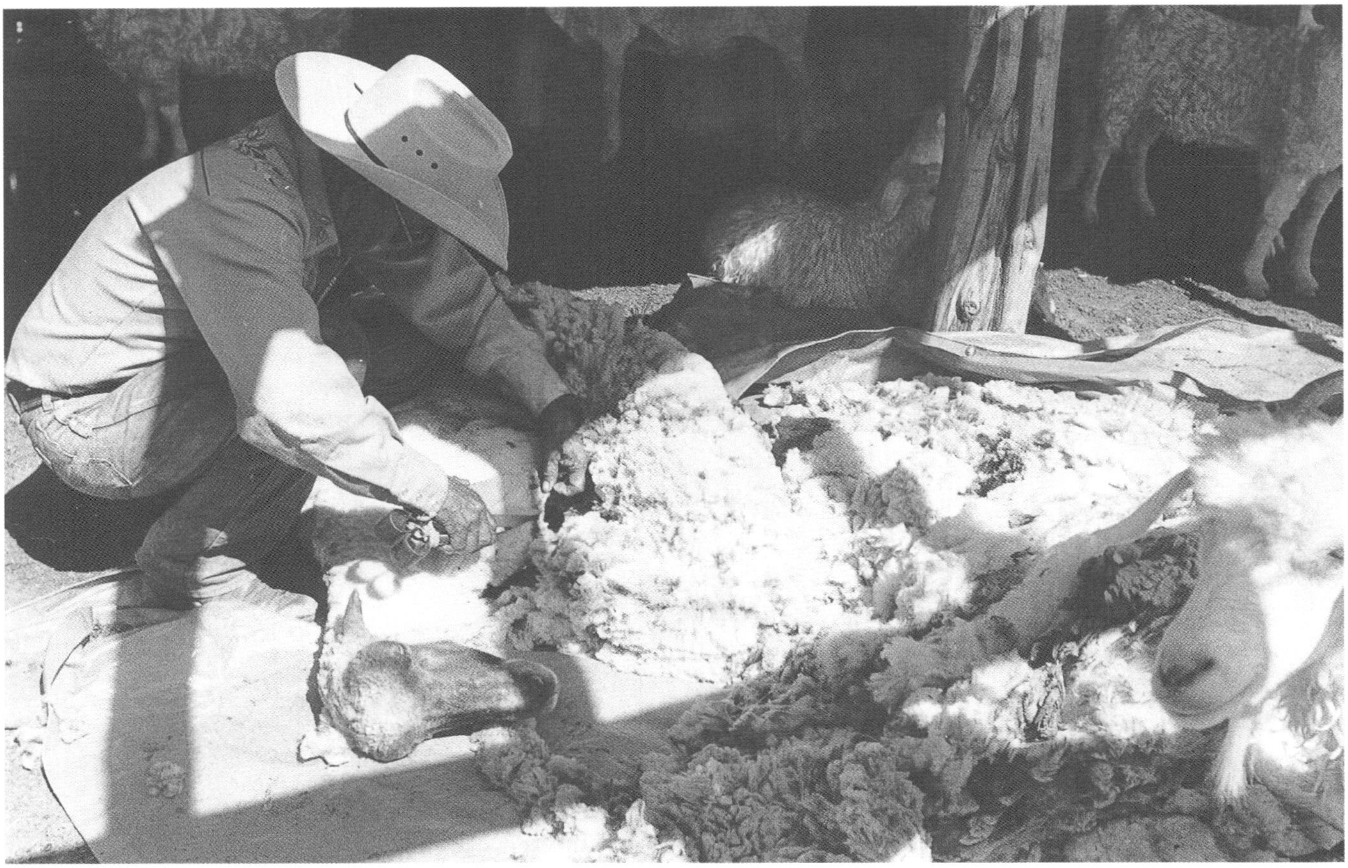

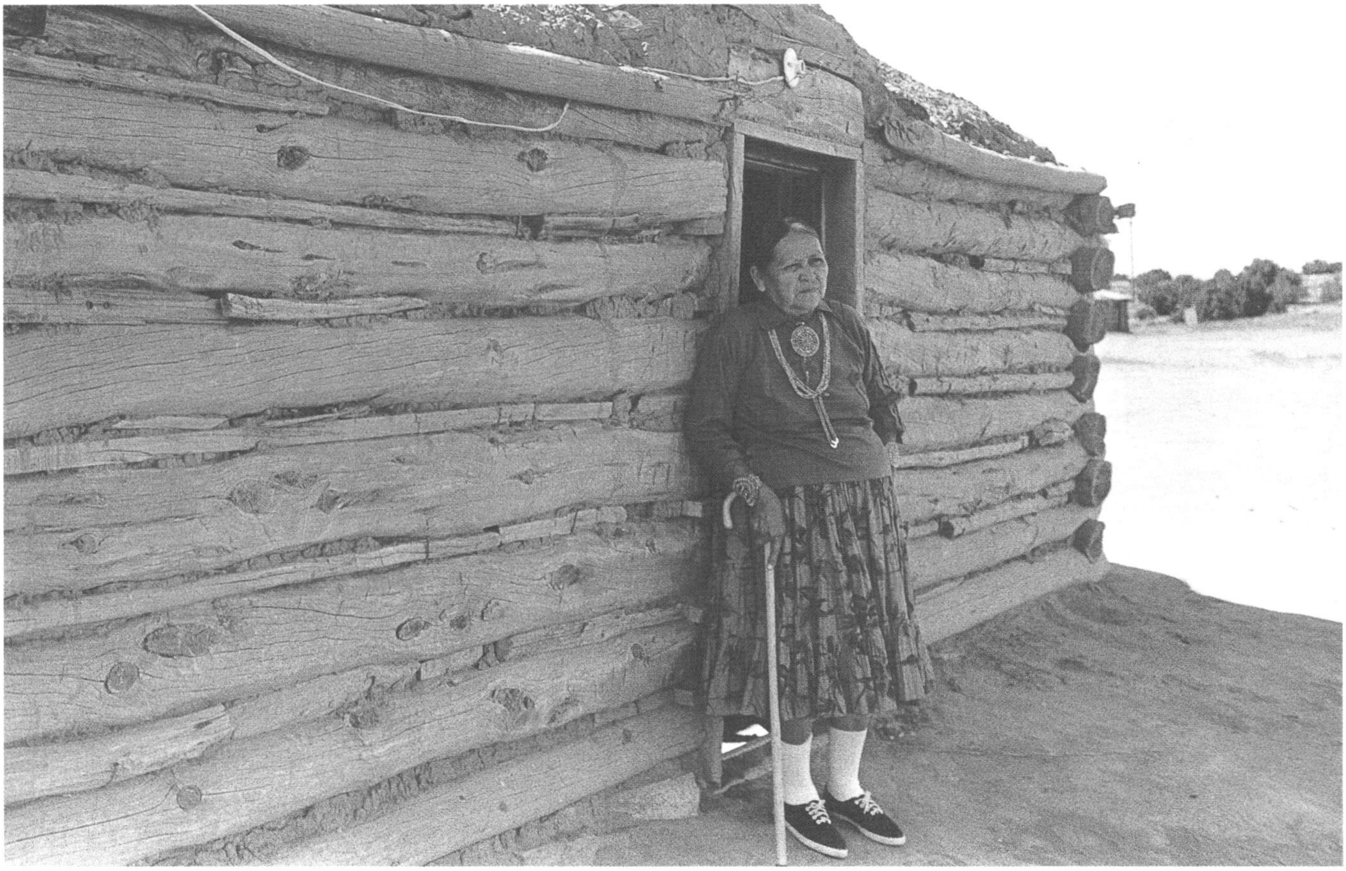

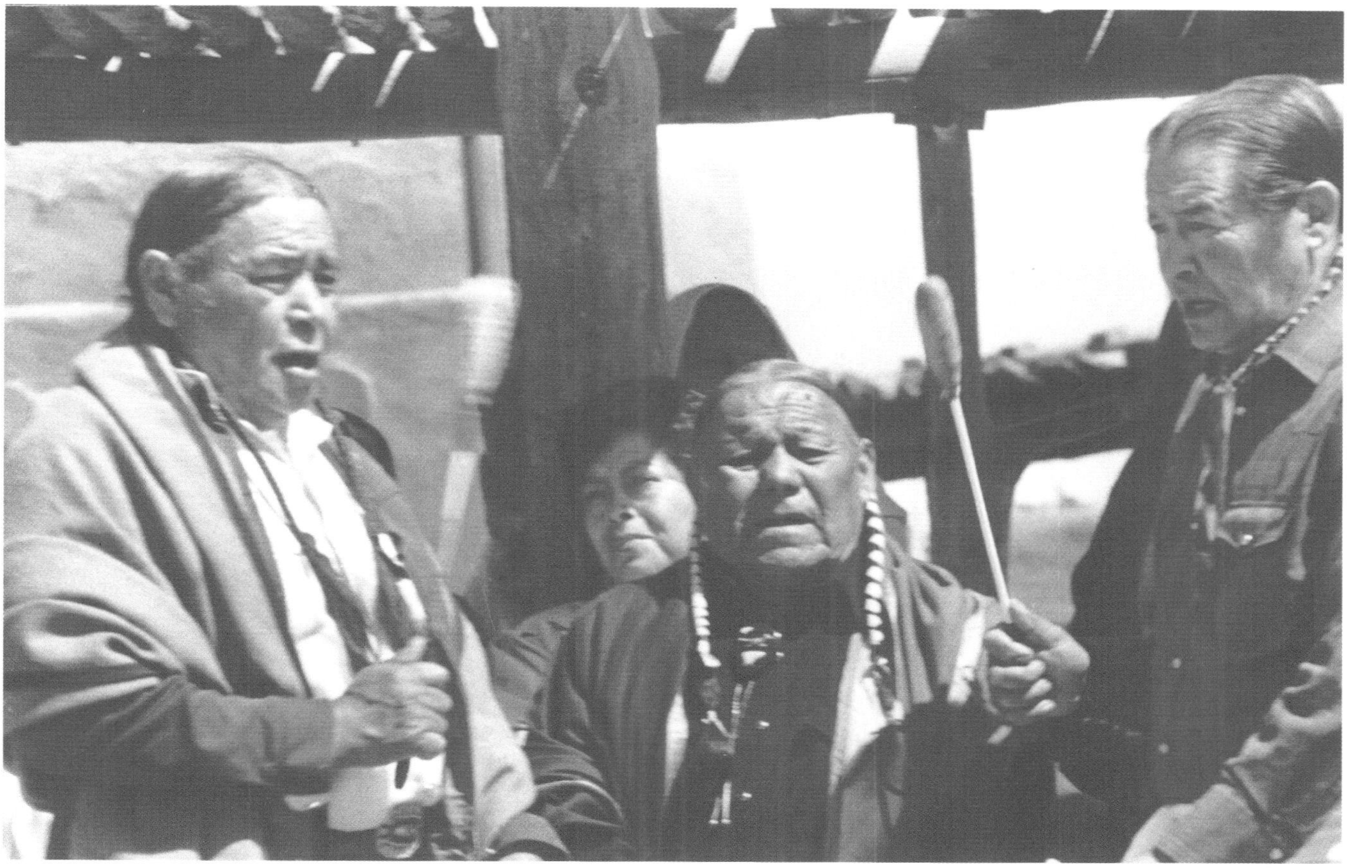

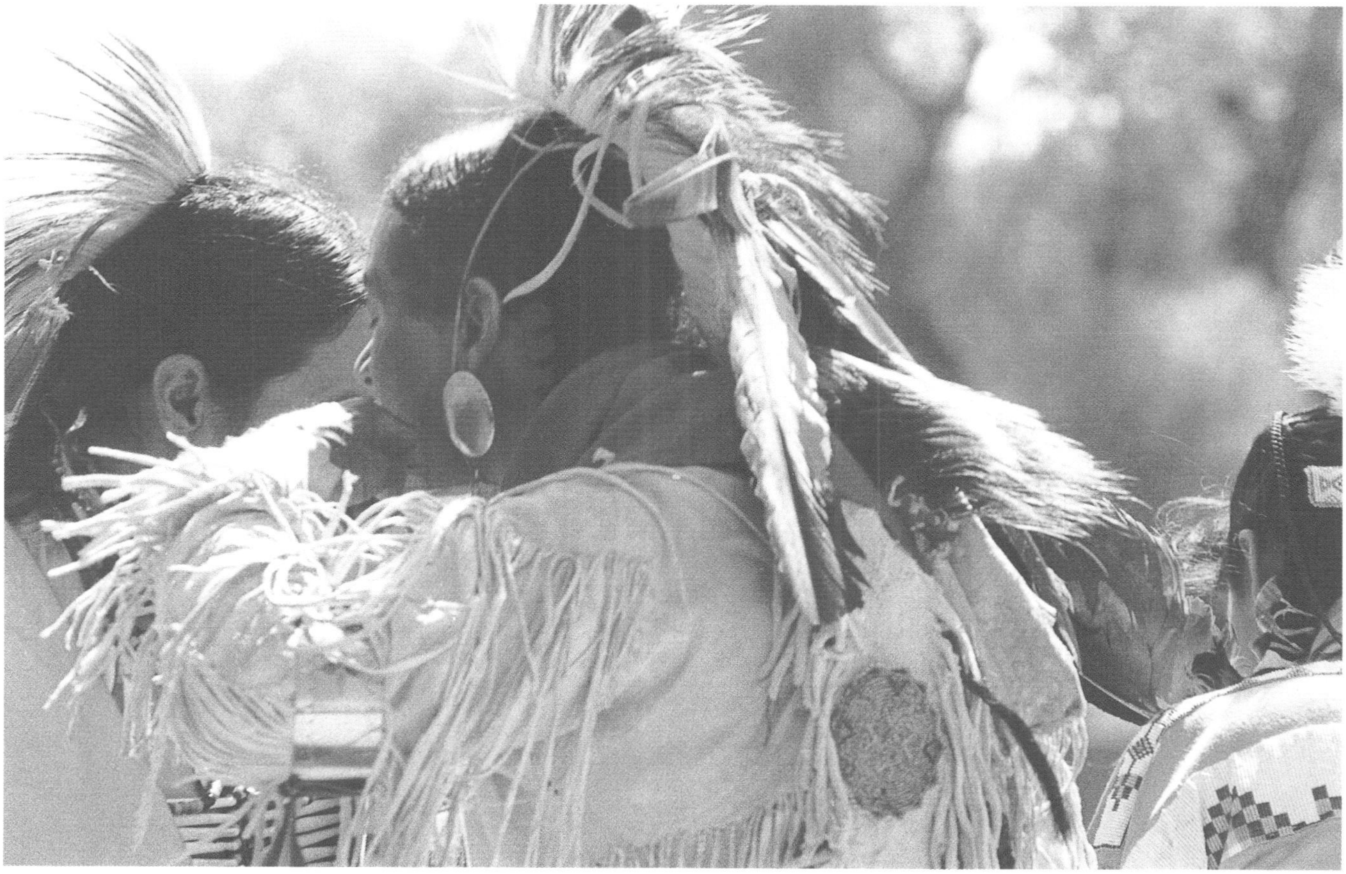

# CHILIAUFLAUF DER ZUNI

### Heiliger Türkis

*In einer Legende der Zuni offerierten der Papagei und die Krähe je ein Ei, und die Frauen sollten entscheiden, welches sie nehmen wollen. Die Frauen der Zuni wählten das türkise Ei der Krähe, obwohl sie es nicht essen konnten. Denn Türkise hatten für die Zuni große kultische Bedeutung, ihr Besitz bedeutete Ansehen.*

schneiden. Eine flache, ofenfeste Form mit dem Öl auspinseln und mit den Paprikahälften sternförmig auslegen.

**3** Die Eier mit dem Salz, dem Käse, dem Maismehl und den Chilistreifen verquirlen. Die Masse über die Paprika gießen und den Auflauf im Ofen etwa 35 Minuten backen.

**Als Vorspeise für
4 Personen**

**500 g gemischte Paprika**

**1 rote Chili**

**1 EL Maisöl**

**6 Eier**

**etwas Salz**

**50 g Longhorn cheese oder Pecorino-Käse, gerieben**

**2 EL Maismehl**

**1** Die Paprikaschoten waschen, auf ein mit Backpapier belegtes Backblech legen und bei 200 °C im Backofen backen, bis die Haut Blasen wirft. Dabei mit einem Grillhandschuh mehrfach wenden. Die Paprikaschoten aus dem Ofen nehmen und etwas abkühlen lassen. Die Häute abziehen, Kerne und Stielansatz entfernen.

**2** Den Backofen auf 180 °C vorheizen. Die Chili waschen, entkernen und in feine Streifen

# TACOS AUS TAOS

**Als Vorspeise für
6 Personen**

**1 Bund Rucola (Rauke)**

**6 Radieschen**

**2 Tomaten**

**1 Avocado**

**1 Zwiebel**

**1 rote Paprikaschote**

**1 Rezept Mehltortillas
(s. Seite 35)**

**Salz**

**1 TL Cayennepfeffer**

**2 EL Maisöl**

**1** Rucola, Radieschen und Tomaten waschen. Radieschen und Tomaten in mundgerechte Stücke schneiden. Die Avocado halbieren, entkernen, das Fruchtfleisch mit einem Löffel

aus den Schalen holen und kleinschneiden. Die Zwiebel schälen und in feine Ringe schneiden. Die Paprikaschote wie oben beschrieben enthäuten und würfelig schneiden.

**2** Zuerst den Rucola auf die Tortillas füllen. Dann das übrige Gemüse darauf verteilen, salzen, pfeffern und mit Öl beträufeln.

### Pow-wow
*Diese Tacos werden bei allen Stammesversammlungen gebacken, insbesondere bei den Pow-wows, den Ratsversammlungen, bei denen man an einem großen Feuer zusammenkommt, auf dem gekocht wird.*

# SUPPEN

*Cherokee Pecan Soup*

# SUPPE MIT PECANNÜSSEN DER CHEROKEE

**Für 4 Personen**

1 Karotte
1 Zwiebel
2 Stangen Sellerie
1 Knoblauchzehe
1 Suppenhuhn
Salz
1 TL Cayennepfeffer
1 Bund Dill
100 g Pecannüsse
einige Fäden Safran

**1**  Die Karotte putzen und waschen und in dicke Scheiben schneiden. Die Zwiebel schälen und vierteln. Die Selleriestangen waschen und in grobe Stücke schneiden, die Knoblauchzehe halbieren.

**2**  Das Huhn mit dem Gemüse in einen großen Topf geben, mit Salz und Cayennepfeffer würzen. So viel kaltes Wasser aufgießen, daß das Huhn gerade bedeckt ist. Das Ganze aufkochen, nach Bedarf abschäumen und zugedeckt etwa 2 Stunden kochen, bis das Fleisch weich ist und sich leicht von den Knochen löst. Abseits vom Feuer etwas abkühlen lassen.

**3**  Inzwischen den Dill waschen, trockenschütteln und fein hacken. Die Pecannüsse schälen und halbieren.

**4**  Das Huhn aus dem Topf nehmen, häuten und entbeinen. Das Fleisch in mundgerechte Stücke schneiden.

**5**  Die Suppe mit dem Gemüse im Mixer oder mit dem Mixstab pürieren und zurück in den Topf geben. Mit dem Fleisch, den Nüssen und dem Safran erhitzen und auf kleinster Flamme einige Minuten ziehen lassen. Zuletzt die Suppe mit dem Dill bestreuen.

### Cherokee

*Die Cherokee leben im Südosten der USA. Sie sammeln fleißig Nüsse für den Winter, insbesondere für den mageren Monat Februar, den sie »Nut moon«, Nußmond, nennen.*

*Die Choctaw zerstoßen die getrockneten und geschälten Nüsse und formen sie zu Kugeln, die sie für den Winter einlagern. In Wasser aufgelöst, werden sie dann zum Andicken und Würzen von Maisgerichten verwendet oder mit Honig zu einem gehaltvollen Getränk verarbeitet.*

*Pojoaque Cream Soup*

# BOHNENCREMESUPPE AUS POJOAQUE

### Teuere Täschchen

*Mitte des 19. Jahrhunderts kamen bei den weißen Frauen der Neuen Welt Rüschenkleider mit passenden Handtäschchen in Mode. Auch den Indianerinnen gefielen die Handtäschchen, und sie begannen, sie zu imitieren: Sie besorgten sich Stoff-fetzen, Perlen, Knöpfe, Muscheln und fertigten diese kleinen Beutel, um ihre spärlichen Verdienste darin aufzubewahren. Während die Täschchen der Weißen heute wenig Interesse finden, erzielen die der Indianerinnen Höchstpreise in den bekanntesten Auktionshäusern der Welt.*

**Für 4 Personen**

250 g getrocknete Pintobohnen (Wachtelbohnen)
1 Zwiebel, gehackt
1 Knoblauchzehe, fein gehackt
Salz
1 TL Cayennepfeffer
$^1/_8$ l süße Sahne
einige frische Oreganoblätter

1 Die Bohnen über Nacht in einem Topf mit reichlich Wasser einweichen, dann abgießen.
2 Die Bohnen mit Zwiebel, Knoblauch, Salz, Cayennepfeffer und 1 Liter frischem Wasser wieder in den Topf geben, aufkochen und auf kleinem Feuer etwa l Stunde kochen, bis die Bohnen weich sind. Dabei öfter umrühren, damit die Suppe nicht anbrennt.
3 Die Sahne steif schlagen. Die Suppe mit dem Mixstab pürieren. Mit einem Klecks Sahne und dem Oregano garniert servieren.

*Tortilla Soup from Tesuque*

# TORTILLA SUPPE AUS TESUQUE

**Für 4 Personen**

1 Zwiebel
1 Knoblauchzehe
1 grüne Paprikaschote
1 grüne Zucchini
500 g Tomaten
3 EL Maisöl
1 Lammknochen
Salz
1 TL Oregano
2 Tortillas (Rezept s. Seite 35)

1 Die Zwiebel und den Knoblauch schälen und fein hacken. Die Paprikaschote putzen, waschen und entkernen. Die Zucchini waschen. Die Tomaten in kochendem Wasser brühen, enthäuten und entkernen. Das Fruchtfleisch von Paprika, Zucchini und Tomaten klein würfeln.
2 Das Öl in einem Topf erhitzen und die Knochen darin bei mittlerer Hitze anbraten, bis sie von allen Seiten gebräunt sind. Zwiebel, Knoblauch, Paprika und Zucchini dazugeben und kurz mitbraten. Dann die Tomaten dazugeben, das Ganze mit $^1/_2$ Liter Wasser angießen, salzen, Oregano zugeben und zugedeckt auf kleiner Flamme etwa 15 Minuten köcheln lassen.
3 Inzwischen die Tortillas in nicht zu dünne Streifen schneiden und kurz vor dem Servieren in die Suppe geben.

*Pepper Pot from the Cherokee*

# PFEFFERTOPF DER CHEROKEE

**Für 4 Personen**

| |
|---|
| 250 g rote Paprikaschoten |
| 500 g Tomaten |
| 1 Zwiebel |
| 1 Knoblauchzehe |
| 250 g Karotten |
| 3 EL Maisöl |
| 250 g Rehgulasch |
| Salz |
| 1 TL Cayennepfeffer |
| 1 Dose Maiskörner (300 g) |

**1** Die Paprikaschoten waschen, auf ein mit Backpapier belegtes Backblech legen und bei 200 °C im Backofen backen, bis die Haut Blasen wirft. Dabei mit einem Grillhandschuh mehrfach wenden. Die Paprikaschoten aus dem Ofen nehmen und etwas abkühlen lassen. Die Häute abziehen, Kerne und Stielansatz entfernen.
**2** Die Tomaten 5 Minuten in kochendes Wasser legen, abkühlen, häuten und entkernen. Zwiebel und Knoblauch schälen und fein hacken. Die Karotten putzen, waschen und würfeln.
**3** Das Öl in einem Topf erhitzen und das Fleisch darin bei mittlerer Hitze anbraten. Nach 2 Minuten Zwiebel, Knoblauch und Karotten dazugeben und einige Minuten mitbraten.
**4** Die gehäuteten Paprikaschoten im Mixer pürieren und zum

Fleisch geben. Das Ganze mit Salz und Cayennepfeffer würzen und mit $^{1}/_{2}$ l Wasser aufgießen. Die Suppe aufkochen lassen und auf kleinem Feuer zugedeckt etwa 1 Stunde köcheln, bis das Fleisch gar ist. Zum Schluß die Maiskörner unterheben.

*Flour Tortillas*

# MEHL-TORTILLAS

**Ergibt l2 Tortillas**

| |
|---|
| 350 g Mehl |
| 1 TL Salz |
| 1 TL Backpulver |
| 6 EL Maisöl |

**1** Mehl, Salz und Backpulver in eine Rührschüssel sieben. Das Öl und $^{1}/_{4}$ l heißes Wasser zugeben und das Ganze mit den Knethaken des elektrischen Handrührgeräts in etwa 5 Minuten zu einem festen Teig verarbeiten. Den Teig für eine Stunde in den Kühlschrank stellen.
**2** Den Teig in 12 Portionen teilen und jede zu einer Kugel formen, flachdrücken und mit dem Nudelholz ausrollen.

**3** Eine Pfanne stark erhitzen und die Teigfladen darin ohne Fettzugabe von beiden Seiten backen. Die Tortillas in einem Küchentuch warmhalten.

**Kleine Törtchen**
*Ursprünglich wurden Tortillas auf heißen Steinen im Feuer gebacken. Wir verwenden eine schwere Pfanne, am besten aus Gußeisen oder Edelstahl, da beschichtete Pfannen leicht überhitzt werden können.*
*»Tortillas«, kleine Törtchen, nannten die Spanier diese kleinen Fladen, die es in vielen Variationen im Südwesten der USA und in Mexiko gibt.*

*Blackfeet Buffalo and Berry Soup*

# BÜFFELSUPPE MIT BROMBEEREN DER SCHWARZFUSS

**Für 6 Personen**

50 g durchwachsenen Speck
500 g Büffel- oder Rindfleisch, gewürfelt
3 Frühlingszwiebeln
1 EL Honig
Salz
$^1/_2$ TL Cayennepfeffer
250 g Brombeeren

**1** Den Speck in kleine, das Fleisch in etwa 2 cm große Würfel schneiden. Die Frühlingszwiebeln putzen, waschen und in Ringe schneiden. Den Speck in einem Topf bei mittlerer Temperatur ausbraten. Das Fleisch zum Speck geben, anbraten und mit Salz und Cayennepfeffer bestreuen.

**2** Die Zwiebeln zum Fleisch geben und kurz mitbraten. Dann das Ganze mit 1 l Wasser aufgießen, aufkochen und bei niedriger Temperatur etwa l Stunde köcheln lassen.

**3** Inzwischen die Brombeeren waschen und kurz vor Ende der Garzeit in die Suppe geben.

## Potlatch

*Diese extravagante Suppe wurde vermutlich zufällig kreiert. Wenn die großen Chiefs, die Häuptlinge, ihre »Potlatch«-Einladungen gaben, bereiteten ihre Frauen meist so viele Speisen vor, daß die Gäste reichlich mit nach Hause nehmen konnten. Da es meist an geeigneten Behältern fehlte, packten die Gäste Fleisch und Nachtisch in denselben Lederbeutel und schufen auf diese Weise ganz neue Kombinationen.*

*Diese Sitte hat sich in ganz Amerika bis heute erhalten. In den USA ist es heute noch üblich, sich in Restaurants aller Kategorien die Reste einpacken zu lassen. Die Kellner schütten dann alles wahllos in ein »Doggy bag«, eine Hundetüte, und die Gäste nehmen es ungeniert mit, auch wenn sie keinen Hund haben.*

# REISEPROVIANT DER ZUNI UND PEMMIKAN DER PRÄRIEN

**Für 6 Personen**

*Für den Reiseproviant der Zuni:*
**100 g luftgetrocknetes Fleisch (z. B. Bündner)**
**50 g feines Maismehl**
**Salz**
**$^1/_2$ TL Cayennepfeffer**

*Für den Pemmikan:*
**100 g luftgetrocknetes Fleisch (z. B. Bündner)**
**50 g getrocknete Aprikosen**
**20 g Butter**
**Salz**

*Außerdem*:
**1 l Rinderbrühe**

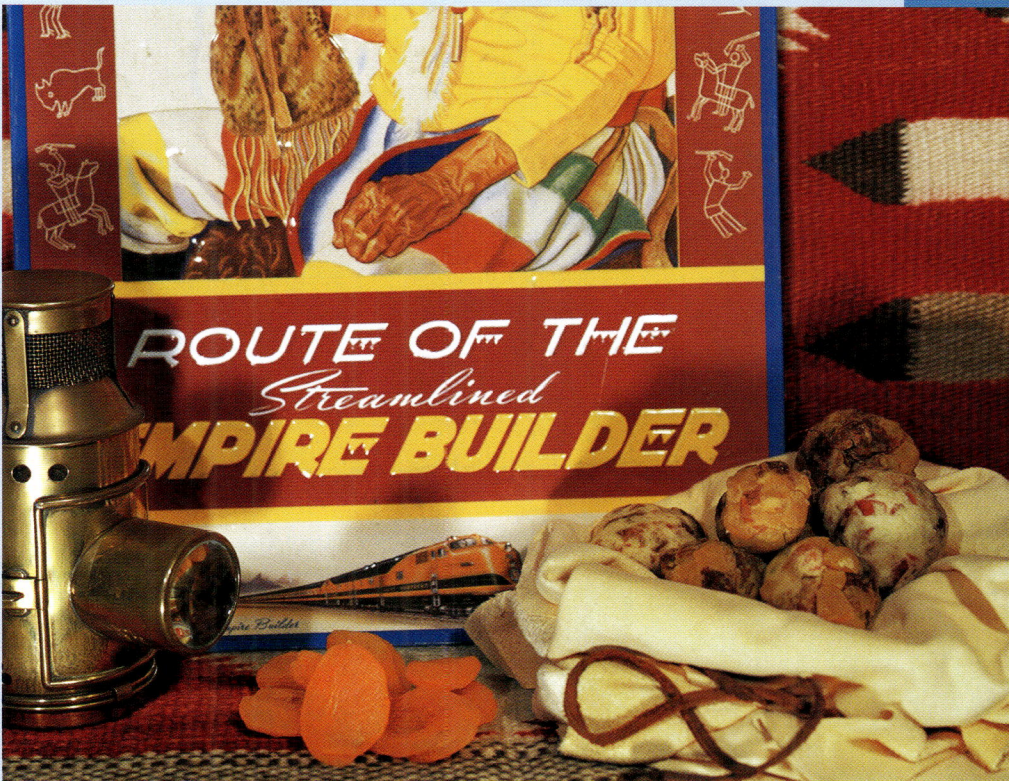

1  Für den Reiseproviant der Zuni das Fleisch sehr fein hacken, z.B. in der Moulinette. Das gehackte Fleisch mit dem Maismehl, den Gewürzen und einigen Tropfen Wasser verkneten und zu 6 kleinen Bällchen formen.
2  Für den Pemmikan das Fleisch und die Aprikosen ebenfalls sehr fein hacken. Die Masse mit der Butter und dem Salz vermengen und zu 6 kleinen Bällchen formen.
3  Die Rinderbrühe aufkochen und vom Feuer nehmen. Die Fleischbällchen hineingeben und einige Minuten ziehen lassen. Die Suppe in Tellern anrichten und je 1 Fleischbällchen von jeder Sorte in die Teller geben.

**Tip:**
Die Indianer essen diese Bällchen roh, aber für europäischen Geschmack ist es besser, sie wenige Minuten in der Suppe ziehen zu lassen.

### Pemmikan
*Wenn die Männer auf die Jagd oder auf den Kriegspfad gingen, brauchten sie eine Nahrung, die sich lange hielt und leicht zu transportieren war. So bereiteten die Frauen folgenden Reiseproviant: Sie gaben zerstampftes, getrocknetes Büffelfleisch, dem der Vitamine wegen getrocknetes Obst und Beeren beigemengt wurden, in eine »Parfleche«, eine kunstvoll bemalte rohlederne Falttasche, und »versiegelten« diese mit heißem Büffeltalg. Für einen Tagesritt genügte allerdings ein kleiner Lederbeutel mit einigen dieser Bällchen.*

So verschieden die Lebensweisen der Indianervölker waren, so unterschiedlich waren auch ihre Behausungen.

Die Navajo wohnten in sogenannten Hogans. Ein Skelett aus Baumstämmen bildet das Gerüst dieses achteckigen Hauses. Die Zwischenräume sind mit einem Gemisch aus Stroh und Lehm gefüllt, das von der Sonne getrocknet wurde. Die Navajo bezeichnen den Hogan als die Seele der Familie, und auch heute noch findet man zwischen modernen Häusern und Wohnwagen immer wieder diese Hütten, in denen sich die Familie zu religiösen Riten, Festen und spirituellen Sitzungen trifft.

Die nomadisierenden Stämme der Plains brauchten für ihre Lebensweise bewegliche Behausungen. Ihre Tepees, die geräumigen, spitzen Zelte mit rundem Grundriß, sind in der europäischen Vorstellungswelt geradezu zum Synonym für indianisches Wohnen geworden. Dieses einfach aufzubauende und zu transportierende Zelt besteht aus 18 Pfählen, die sich an der Spitze kreuzen und mit bemalten Büffelfellen bespannt werden.

Eine andere Form der Wohnung ist der Wigwam. Er besteht aus einem Gerüst von Weidenstöcken, die zu einer Art Kuppel

# WOHNFORMEN

gebogen und mit Fellen und Decken, vielfach auch mit Matten und Rindenstücken bespannt werden. In solchen Wigwams leben nicht nur die Algonkin an den Ufern der Großen Seen, sondern auch jene aus dem Süden, wie die Apachen und die Comanchen.

In den Wäldern um die Großen Seen im Osten der USA und Kanadas bauten Huronen und Irokesen ihre Long houses, geräumige Langhäuser, die mehrere Familien bewohnten. Die stattlichen Gebäude aus geschnitzten und dekorierten Baumstämmen waren bis zu 50 m lang und l2 m hoch. Diese Langhäuser wurden jeweils von den Frauen eines Klans an die Töchter weitervererbt.

Die Krönung indianischen Wohnens bildeten aber die Pueblos, richtige Städte aus Lehmziegeln, die von bis zu tausend Menschen bewohnt wurden. Die Konstruktion dieser Pueblos war außerordentlich hoch entwickelt. Die Häuser standen auf engstem Raum, hatten bis zu fünf Stockwerke und waren über Leitern miteinander verbunden. Es waren echte »Energiespar-Häuser«, die bereits systematisch die Sonnenenergie zur Klimatisierung nutzten. Die Bewohner betrieben eine hochentwickelte Landwirtschaft.

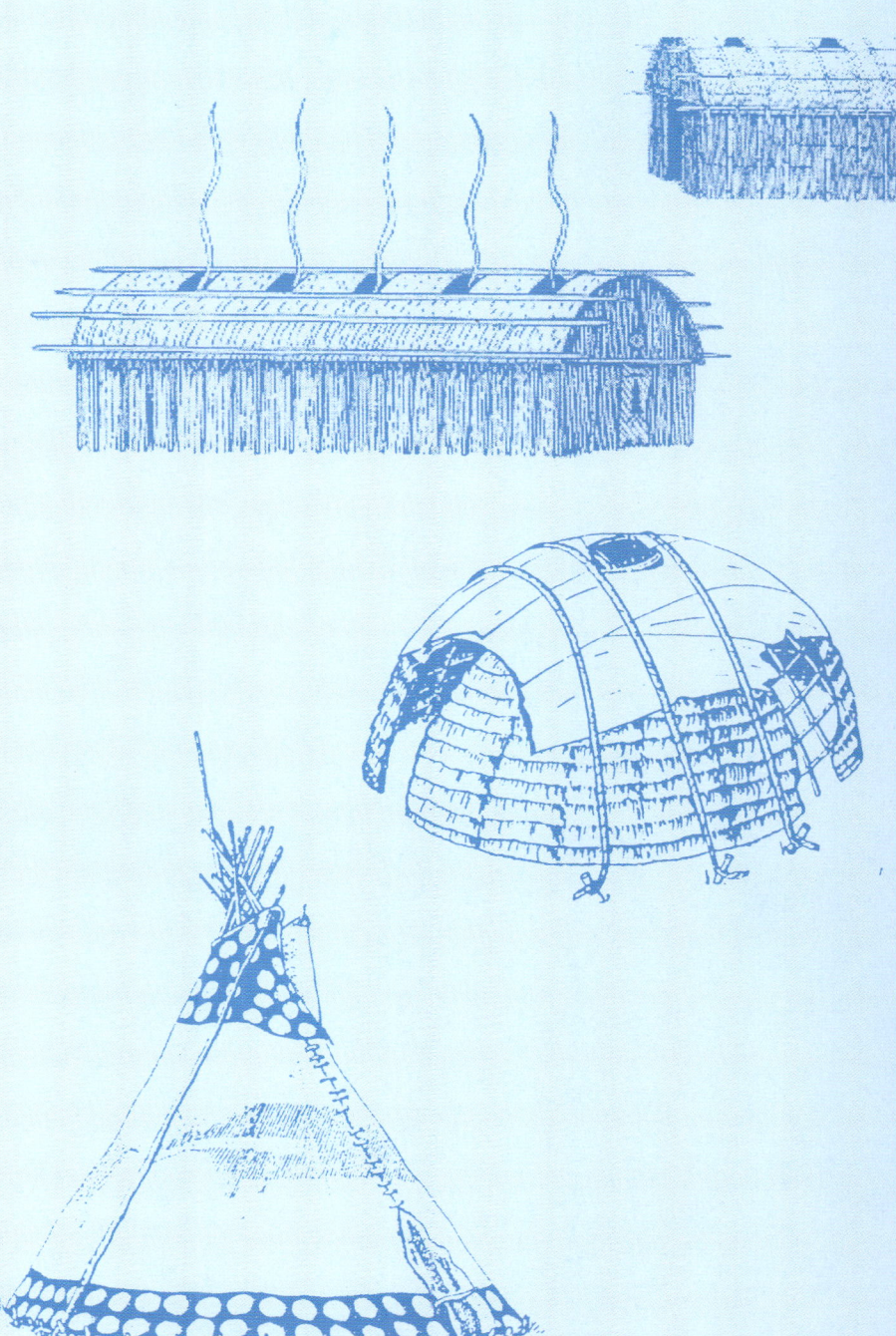

*Indianische Wohnformen: Hogan der Navajo (linke Seite oben), Pueblo (linke Seite unten), huronisches Langhaus (oben), Wigwam (Mitte) und Teepee der Präriestämme (unten)*

*Black Bean Soup from the Papago*

# SCHWARZE BOHNENSUPPE DER PAPAGO

**Für 4 Personen**

| | |
|---|---|
| **200 g getrocknete schwarze Bohnen** | **2 Frühlingszwiebeln** |
| **1 Zwiebel** | **3 EL Maisöl** |
| **1 Knoblauchzehe** | **Salz** |
| | **1 grüne Chili (Peperoni)** |

**1** Die Bohnen über Nacht in reichlich Wasser einweichen.
**2** Die Zwiebel und die Knoblauchzehe schälen und fein würfeln. Die Frühlingszwiebeln putzen, waschen und in feine Ringe schneiden.
**3** Das Öl in einem Topf erhitzen. Die Zwiebel und die Frühlingszwiebeln darin bei mittlerer Hitze glasig dünsten, den Knoblauch dazugeben und kurz mitdünsten.
**4** Die Bohnen abgießen, zu den Zwiebeln in den Topf geben und unter Rühren einige Minuten mitbraten. Das Ganze mit 1 l Wasser aufgießen, salzen und zugedeckt bei geringer Hitze etwa 30 Minuten köcheln.
**5** Inzwischen die Peperoni waschen, entkernen und in nicht zu dünne Ringe schneiden. Die Peperoni am Ende der Garzeit unter die Suppe mischen.

### Das Bohnenvolk

*Bohnen sind die Spezialität der Papago, deren Name wörtlich übersetzt »Bohnenvolk« bedeutet, abgeleitet von »papah«, Bohnen, und »O'otam«, Volk. Die Papago nennen sich heute bei ihrem ursprünglichen Namen »Tohono O'otam«, Volk der Wüste. Den Namen »Papago« hatten ihnen die benachbarten Apachen gegeben.*

*Zuni Corn Soup*

# MAISSUPPE DER ZUNI

**Für 4 Personen**

1 Bund Frühlingszwiebeln
3 EL Maisöl
500 g Rehgulasch
Salz
1 TL Cayennepfeffer
einige Zweige frischer Koriander
1 Dose Maiskörner (300 g)

**1** Die Frühlingszwiebeln putzen, waschen und in Ringe schneiden.

**2** In einem Topf das Öl bei mittlerer Temperatur erhitzen und das Rehgulasch darin von allen Seiten anbraten. Die Frühlingszwiebeln dazugeben und einige Minuten mitbraten, bis sie glasig sind.

**3** Das Fleisch mit Salz und Cayennepfeffer würzen, knapp 1 l Wasser angießen, aufkochen und bei geringer Hitze zugedeckt etwa l Stunde köcheln lassen, bis das Fleisch gar ist.

**4** Inzwischen den Koriander waschen und trockenschütteln. Die Blätter abzupfen. Am Ende der Garzeit die Maiskörner unter die Suppe mischen, diese in Suppentellern anrichten und mit den Korianderblättern garnieren.

**Tip:**
Diese Suppe wurde zur Erntezeit zubereitet und in großen Töpfen auf dem Fußboden serviert.

### Sensibles Reh

*Das Reh ist eine beliebte Figur in der Mythologie der Zuni.*
*In einer ihrer Legenden heiratete ein Reh einen Mann. Doch dieser machte sich lustig über die Nahrung des Rehs, immer nur Grünzeug… Das sensible Reh war gekränkt, verließ mit dem gemeinsamen Sohn ihren Mann und versteckte sich im Wald. Wild ist seitdem bei den Zuni eine Seltenheit, und sie tanzen, bevor sie auf die Jagd gehen, um sich für die Beleidigung des Mannes zu entschuldigen und das Wild aus seinem Versteck zu locken.*

# SUPPE MIT PINIENKERNEN DER APACHEN

**Für 4 Personen**

5 Frühlingszwiebeln
1 l Hühnerbrühe
100 g Pinienkerne
$^1/_8$ l süße Sahne
1 TL getrocknete wilde Pfefferminze oder Oregano
Salz
1 TL Cayennepfeffer
Schnittlauch zum Garnieren

**1** Die Frühlingszwiebeln putzen, waschen und in Ringe schneiden.

**2** Die Hühnerbrühe in einem Topf aufkochen. Die Frühlingszwiebeln, die Pinienkerne, die Sahne und die wilde Pfefferminze oder den Oregano dazugeben. Einige Pinienkerne zum Garnieren beiseitelegen. Das Ganze mit Salz und Cayennepfeffer abschmecken.

**3** Die Suppe etwa 30 Minuten kochen, abkühlen lassen und im Mixer pürieren.

**4** Inzwischen den Schnittlauch waschen und trockenschütteln. Die Suppe in Suppentellern anrichten und jeden Teller mit einigen Schnittlauchhalmen und Pinienkernen garnieren.

### Nahrhafte Pinienkerne

*Dies ist eine Spezialität der Apachen, die im Südwesten der USA leben. Auch wenn es den Indianern noch nicht möglich war, Kalorien zu zählen, so wußten sie bereits von dem hohen Nährwert der Pinienkerne. Daher war es schwangeren Frauen verboten, diese zu verzehren, aus Angst, das Baby könnte zu groß werden und der Mutter bei der Geburt Schwierigkeiten bereiten. Die Jungen hingegen wurden mit einem Brei aus Pinienkernen gefüttert, damit sie große und tapfere Krieger würden.*

*Über die Apachen gibt es eine große Konfusion, nicht zuletzt durch die Buch- und Filmerfolge von »Winnetou«. Die Apachen, deren Name von den benachbarten Pima stammt und »Feind« bedeutet, sind nicht ein einzelner Stamm, sondern eine große Nation mit vielen Stämmen. Die berühmtesten Stämme sind: San Carlos, Cibecue, Tonto, Chiricahua, Mescalero und Jicarilla. Sie hatten in ihrer ganzen Geschichte keinen gemeinsamen Häuptling, und auch der berühmte Geronimo war nur Oberhaupt einer Abzweigung der Chiricahua. Auch trugen die Anführer der einzelnen Stämme nie Federhauben, sondern eine »Bandana«, ein Stirnband, um ihr schönes blauschwarzes Haar zu bändigen.*

# HAUPT-
# GERICHTE

*Wild Duck with Cranberries from the Algonkin*

# WILDENTE MIT PREISELBEEREN DER ALGONKIN

**Für 4 Personen**

| |
|---|
| **2 Wildenten** |
| **Salz** |
| **$^1/_2$ TL Cayennepfeffer** |
| **1 Apfel** |
| **250 g frische Preiselbeeren** |
| **4 EL Maisöl** |
| **1 Zweig Rosmarin** |
| **1 TL Wacholderbeeren** |
| **5 Lorbeerblätter** |

**4** Den Backofen auf 200 °C vorheizen. Die Wildenten mit Apfelschnitzen und Preiselbeeren füllen und die Öffnung mit je 1 Zahnstocher verschließen.
**5** In einer ausreichend großen ofenfesten Pfanne oder einem Bräter das Maisöl erhitzen. Die Enten mit der Bauchseite nach unten ins heiße Öl legen, die restlichen Apfelschnitze und Preiselbeeren dazugeben. Das Ganze in den Ofen stellen und gut 1 $^1/_2$ Stunden braten.
**6** Nach 30 Minuten Bratzeit das Geflügel umdrehen. Nach etwa 45 Minuten Bratzeit 1 Tasse kochendes Wasser angießen und den Rosmarin, die Wacholderbeeren und die Lorbeerblätter in den Saucenfond geben. Die Enten während der restlichen Bratzeit gelegentlich mit der Sauce begießen.

### Preiselbeeren

*Cranberries wurden von den Stämmen der östlichen Waldgebiete als vitaminreiche und wohlschmeckende Bereicherung ihrer Nahrung im Herbst und Winter gegessen. Die Cranberries, die heute in den USA gezüchtet werden, sind nicht schmackhaft. Um echte Preiselbeeren zu erhalten, muß man »wild cranberries« verlangen. Aber die gibt es höchstens auf einem »Farmer's market«, einem Bauernmarkt – wie dem in Manhattan, der Insel, die die Indianer im Jahre l626 für $ 24,- an einen Holländer namens Peter Minuit verkauften.*

### Neujahrsbraten

*Die Wildenten brechen im Frühjahr von den südlichen Gewässern in den Norden auf. Sie kehren an ihren Geburtsort zurück, um dort ihre Eier auszubrüten. Sie waren ein besonders beliebter Leckerbissen der Indianer und das erste Fleisch, das sie im neuen Jahr aßen.*

**1** Die Wildenten waschen, abtrocknen und mit Salz und Cayennepfeffer einreiben.
**2** Den Apfel schälen, vom Kerngehäuse befreien, erst in Spalten und diese dann in Schnitze schneiden.
**3** Preiselbeeren verlesen, waschen und abtropfen lassen.

*Prairie Chicken with Mushrooms from the Arapaho*

# PRÄRIEHUHN MIT AUSTERNPILZEN DER ARAPAHO

**Für 2 bis 3 Personen**

**1 Perlhuhn**
**Salz**
**1 TL Cayennepfeffer**
**4 EL Maisöl**
**250 g Austernpilze**
**6 Frühlingszwiebeln**
**4 Tomaten**
**1 EL Ahornsirup**

**1** Den Backofen auf 200 °C vorheizen. Das Perlhuhn waschen, abtrocknen und von außen und innen mit Salz und Cayennepfeffer einreiben.

**2** Das Öl in eine ofenfeste Pfanne geben und auf der Kochstelle erhitzen. Das Huhn ins heiße Öl geben, von allen Seiten goldgelb anbraten. Im heißen Ofen in etwa 1 Stunde fertigbraten.

**3** Inzwischen die Pilze waschen, abtrocknen und kleinschneiden. Die Frühlingszwiebeln putzen, waschen und in Ringe schneiden. Die Tomaten waschen. Alles zu dem Huhn in die Pfanne geben.

**4** Etwa 10 Minuten vor Ende der Garzeit das Huhn aus der Pfanne nehmen und auf einen Bratrost legen. Mit dem Ahornsirup bepinseln, über der Pfanne zurück in den Ofen geben und fertigbraten.

### Der Dank des Jägers

*Bevor die Indianer ein Tier töteten, entschuldigten sie sich bei ihm und priesen seine Stärke und seinen Mut. Und sie erklärten ihm, daß es geschaffen worden sei, um den Menschen als Nahrung zu dienen. Seine Seele werde in der geistigen Welt fortleben. Nach der Jagd bedankte sich der Jäger nochmals bei dem Tier, daß es ihn und seine Familie mit Fleisch und Kleidung versorgte. Auf diese Weise behielt das Tier seine Würde.*

### Eine aussterbende Art

*Früher gab es in den Prärien neben den Büffeln viele Hühner. Heute sind sie recht selten: Lange wurden sie zu viel gejagt und ihr Lebensraum wurde kleiner durch die expandierende Landwirtschaft.*

*Apache Venison Stew*
# WILDEINTOPF DER APACHEN

**Für 5 bis 6  Personen**

1 rote, grüne und gelbe
**Paprikaschote**

**1 Zwiebel**

**2 Knoblauchzehen**

**250 g Karotten**

**3 EL Maisöl**

**1 kg Rehgulasch**

**Salz**

**1 TL Cayennepfeffer**

**1 TL Wacholderbeeren**

**5 Lorbeerblätter**

**1 Yam (Süßkartoffel), ca. 200 g**

**1**  Die Paprikaschoten waschen, auf ein mit Backpapier belegtes Backblech legen und bei 200 °C im Backofen backen, bis die Haut Blasen wirft. Dabei mehrfach wenden. Die Paprikaschoten aus dem Ofen nehmen und etwas abkühlen lassen. Die Häute abziehen, Kerne und Stielansatz entfernen.

**2**  Die Zwiebel und die Knoblauchzehen schälen und fein hacken. Die Karotten putzen, waschen und in feine Würfel schneiden.

**3**  Das Öl in einem Topf erhitzen und das Rehgulasch darin kräftig anbraten und würzen. Zwiebel, Knoblauch und Karotten dazugeben und einige Minuten mitbraten.

**4**  Etwa ¼ l Wasser angießen, Salz, Cayennepfeffer, Wacholderbeeren und Lorbeerblätter dazugeben und das Ganze zugedeckt auf kleiner Flamme schmoren lassen, bis das Fleisch gar ist.

**5**  Inzwischen die Süßkartoffel schälen, klein würfeln und mit den Paprikaschoten etwa 5 Minuten vor Ende der Garzeit zum Eintopf geben.

### Rauhe Sitten

*Wenn in früheren Zeiten die Kinder der Apachen ihren Eltern nicht gehorchten, mußten sie für eine Woche allein im Wald leben, mit einem Bogen und nur zwei Pfeilen ausgestattet, und sich selbst ernähren.*

*Roast Dove from the Chickasaw*

# GEBRATENE TAUBEN DER CHICKASAW

**Für 3 Personen**

1 TL Wacholderbeeren
1 TL Pfefferkörner
3 Lorbeerblätter
3 Tauben
Salz
300 g Maronen (Eßkastanien)
1 Granatapfel
30 g Semmelbrösel
2 cm Ingwerwurzel
5 EL Maisöl

**1** Die Wacholderbeeren und die Pfefferkörner im Mörser zerdrücken und mit den Lorbeerblättern in einen kleinen Topf geben. $1/8$ l Wasser angießen und das Ganze aufkochen lassen, dann mehrere Minuten auf kleinster Flamme ziehen lassen und beiseite stellen.

**2** Die Tauben waschen, abtrocknen und von außen und innen salzen.
**3** Die Maronen etwa 30 Minuten kochen, abgießen und schälen. Den Granatapfel schälen und die eßbaren Kerne herausholen.
**4** Die Semmelbrösel in eine Schüssel geben. Die Ingwerwurzel schälen, reiben und dazugeben. Den Sud durch ein Sieb darübergießen. Die Masse gut vermischen und die Flüssigkeit einige Minuten einziehen lassen.
**5** Den Backofen auf 200 °C vorheizen. Einige Maronen und Granatapfelkerne unter die Semmelbröselmasse mengen. Die übrigen beiseite stellen. Die Tauben mit dieser Mischung füllen und mit einer Rouladennadel zustecken oder mit Küchengarn zunähen.
**6** Das Öl in einer Pfanne erhitzen und die Tauben darin von allen Seiten anbraten, dann im Ofen in etwa l Stunde fertigbraten. Die Tauben dabei öfters mit dem Bratfond begießen. Bei Bedarf eßlöffelweise heißes Wasser angießen. Kurz vor Ende der Garzeit die restlichen Maronen und Granatapfelkerne zur Sauce geben.

### Die Nähe der Götter

*Gebratene Tauben flegen einem auch in Amerika nicht in den Mund. Aber man kann Tauben mit Pfeil und Bogen oder mit Pulver und Blei schießen, denn es gibt sie überall, und mit dieser köstlichen Füllung zergehen sie einem im Mund.*

*Die Indianer der Muskhogee-Sprachfamilie, zu der die bekannten Stämme wie die Choctaw, Chickasaw, Creek und Natchez gehören, erzählen folgende Legende über die Entstehung der Welt: Am Anfang gab es nur Wasser. Als eines Tages zwei Tauben höher und höher der Sonne entgegen flogen, durchschnitt ein Grashalm die Wasseroberfläche und ein Hügel erschien, »nunne chaha« genannt. Der Vogel hat deshalb für viele Indianer eine ganz besondere Bedeutung.*

*Aber auch seine Fähigkeit zu flegen, sein Dasein im Himmel, in der Nähe der Götter, seine Gabe, zu singen, macht ihn für die Indianer zu einem mystischen Wesen, ausgestattet mit übernatürlichen Kräften. Er wird als beflügelter Geist oder Gott bezeichnet und als Botschafter der Sonne angesehen. Die Taube galt bei den Huronen und Mandan sogar als heilig.*

# FASAN MIT WEINTRAUBEN UND NÜSSEN DER CHOCTAW

**3** Die Butter in einer ofenfesten Pfanne erhitzen. Den Fasan darin von allen Seiten anbraten und im heißen Ofen in etwa 90 Minuten fertigbraten.
**4** Inzwischen die Weintrauben waschen, abzupfen und etwa zur Hälfte der Garzeit zusammen mit den Lorbeerblättern, den Wacholderbeeren und dem Rosmarin zum Fasan geben. Diesen öfters mit der sich bildenden Sauce begießen.
**5** Am Ende der Garzeit den Fasan auf einer vorgewärmten Platte anrichten. Die Sauce durch ein Sieb streichen und die restlichen Pinienkerne hineinmischen.

**Für 2 bis 3 Personen**

| |
|---|
| **1 Fasan, bratfertig** |
| **Salz** |
| **Pfeffer** |
| **100 g Pinienkerne** |
| **50 g Semmelbrösel** |
| **1 Ei** |
| **50 g Butter** |
| **500 g Weintrauben** |
| **5 Lorbeerblätter** |
| **1 TL Wacholderbeeren** |
| **1 Zweig Rosmarin** |

**1** Den Fasan unter fließendem Wasser waschen, mit Küchenkrepp abtrocknen, von außen und innen salzen und pfeffern.
**2** Den Backofen auf 200 °C vorheizen. Für die Füllung die Hälfte der Pinienkerne mit den Semmelbröseln, etwas Salz und Pfeffer sowie dem Ei vermischen. Das Ganze in den Fasan geben. Die Öffnung mit einer Rouladennadel zustecken oder mit Küchengarn zunähen.

# GLASIERTE GANS DER IROKESEN

**Für 6 Personen**

| |
|---|
| **2 Äpfel** |
| **200 g Maronen (Eßkastanien)** |
| **200 g Dörrpflaumen ohne Stein** |
| **1 Gänseleber** |
| **Salz und Pfeffer** |
| **1 Gans von ca. 3 kg** |
| **2 cm Ingwerwurzel** |
| **1 EL Honig** |

**1** Die Äpfel schälen, das Kernhaus ausschneiden und das Fruchtfleisch erst in Spalten, dann in Schnitze schneiden. Die Maronen etwa $1/2$ Stunde kochen, abgießen, etwas abkühlen lassen und schälen. Maronen, Dörrpflaumen und Gänseleber kleinschneiden und mit etwas Salz und Pfeffer unter die Apfelschnitze mischen.
**2** Den Backofen auf 200 °C vorheizen. Die Gans waschen, abtrocknen und von außen und innen salzen. Mit der Apfelmischung füllen und die Öffnung mit Küchengarn zunähen.
**3** Die Gans auf dem Rost über der Fettpfanne im Ofen etwa 3 Stunden braten. Dabei öfters die Haut einstechen und den Braten mit dem Fett begießen.
**4** Die Ingwerwurzel schälen, reiben und mit dem Honig vermischen. Die Gans kurz vor Ende der Garzeit mit dem Ingwerhonig einpinseln.

*Carne Adobado from the Pueblos*

# MARINIERTES SCHWEINEFLEISCH AUS DEN PUEBLOS

**Für 4 bis 5 Personen**

500 g rote Paprikaschoten

1 kg Schweinefleisch

2 Knoblauchzehen

Salz

2 TL Cayennepfeffer

1 Zweig frischer Oregano oder

1 TL getrockneten

3 EL Maisöl

### Schweine aus Spanien

*Die spanischen Missionare führten die Schweinezucht ein, und die Indianer verfeinerten das Fleisch, indem sie es mit Paprika und Chili marinierten. Dieses pikante Gericht erhalten Sie in fast allen Restaurants im Südwesten der USA entlang der legendären »Route 66«.*

**1** Die Paprikaschoten waschen, auf ein mit Backpapier belegtes Backblech legen und bei 200 °C im Backofen backen, bis die Haut Blasen wirft. Dabei mehrfach wenden. Die Paprikaschoten aus dem Ofen nehmen und etwas abkühlen lassen. Die Häute abziehen, Kerne und Stielansatz entfernen.

**2** Das Schweinefleisch in mundgerechte Würfel schneiden und in eine Schüssel geben. Die abgezogenen Paprika, Knoblauch, Salz, Cayennepfeffer und Oregano im Mixer pürieren. Die Mischung auf das Fleisch geben, gut vermischen und das Ganze über Nacht im Kühlschrank marinieren.

**3** Das Öl in einem Topf erhitzen und das Fleisch darin bei mittlerer Hitze etwa zehn Minuten lang Saft ziehen lassen. Anschließend zugedeckt bei milder Hitze etwa l Stunde köcheln lassen.

*Hidatsa Stuffed Pumpkin*

# GEFÜLLTER KÜRBIS DER HIDATSA

**Für 4 Personen**

l00 g Wildreis

Salz, 1 Zwiebel

1 Knoblauchzehe

1 Frühlingszwiebel

3 EL Maisöl

500 g Rehhackfleisch

1 TL Cayennepfeffer

5 Salbeiblätter, gehackt

1 Kürbis von ca. 1,5 kg

1 EL Senf

**1** Den Reis in reichlich Salzwasser nicht zu weich kochen, abgießen und abkühlen lassen.

**2** Zwiebel und Knoblauch schälen und fein hacken. Die Frühlingszwiebel putzen, waschen und in Ringe schneiden.

**3** Das Öl in einem Topf erhitzen, Frühlingszwiebel, Zwiebel und Knoblauch darin bei mittlerer Hitze glasig dünsten. Das Fleisch zugeben, einige Minuten anbraten, mit Salz, Cayennepfeffer und Salbei würzen.

**4** Den Backofen auf 200 °C vorheizen. Vom Kürbis einen Deckel abschneiden. Das Unterteil aushöhlen und mit Salz und Senf ausreiben.

**5** Das Fleisch mit dem Reis mischen und den Kürbis damit füllen. Den Deckel aufsetzen. Eine ofenfeste Form zur Hälfte mit Wasser füllen, den Kürbis hineinstellen und im Backofen etwa 90 Minuten garen. Zum Servieren in 4 Teile schneiden.

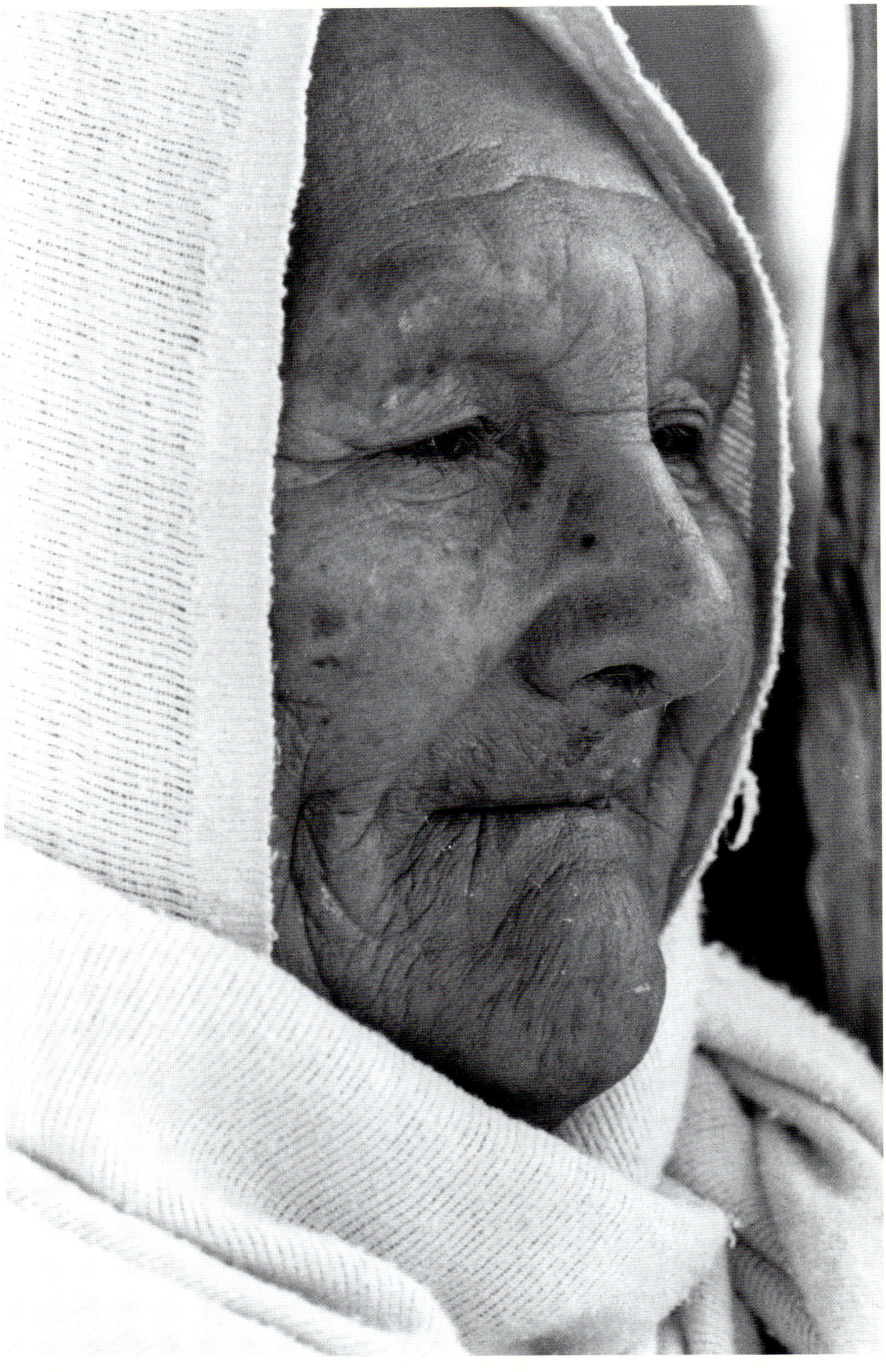

*Navajo Leg of Mutton with Wild Mint*

# LAMMKEULE MIT WILDER PFEFFERMINZE DER NAVAJO

**Für 5 bis 6 Personen**

300 g vollreife Tomaten
1 Knoblauchzehe
1 Zwiebel
3 Karotten
3 Stangen Staudensellerie
1 Lammkeule von 1,5 kg
1 TL Salz
1 TL Cayennepfeffer
5 EL Maisöl
2 TL getrocknete wilde Minze
oder Oregano

**1** Die Tomaten 5 Minuten in kochendes Wasser legen, kalt abschrecken und enthäuten. Die Tomaten grob hacken. Den Backofen auf 200 °C vorheizen.
**2** Die Knoblauchzehe und die Zwiebel schälen. Den Knoblauch sehr fein hacken, die Zwiebel in kleine Würfel schneiden. Die Karotten putzen, waschen und ebenfalls klein würfeln. Die Selleriestangen waschen und in feine Scheiben schneiden.
**3** Die Lammkeule mit Salz und Cayennepfeffer einreiben. Das Öl in einer großen, ofenfesten Pfanne oder einem Bräter erhitzen, die Lammkeule hineingeben und von allen Seiten anbraten. Zwiebeln, Knoblauch und Karotten zum Fleisch geben und kurz mitbraten.
**4** Die Tomaten zum Fleisch geben und das Ganze im heißen Backofen in etwa 90 Minuten fertigbraten. Dabei das Fleisch immer wieder mit der Sauce begießen. Zuletzt die Sauce würzig abschmecken und das Fleisch in der Sauce servieren.

**Gute Hirten**

*Schafe spielen im Leben der Navajo eine zentrale Rolle. Nicht nur ist das Fleisch neben dem der Ziegen ihr Grundnahrungsmittel. Die Schafe bestimmen auch den Standort und müssen stets versorgt werden. Alle Familienmitglieder sind gute Hirten, doch übernahmen früher meist die Kinder diese Aufgabe. Heute, da die Kinder in die Schule und die Männer der Lohnarbeit nachgehen, hüten häufig die Alten die Tiere. Die Schaf- und Ziegenzucht ist noch immer eine wichtige Einnahmequelle.*

*Mitte des 19. Jahrhunderts versuchte die US-Regierung auch das Kamel einzuführen, aber dieses Tier vertrug die Kälte im Winter nicht und flößte außerdem mit seiner Größe den Menschen Angst ein. Das einzige Zeugnis ihres damaligen Aufenthaltes ist eine Felsformation in Form eines Kamels im Reservat Tesuque, die man von der Staatsstraße Nr. 285 aus sehen kann.*

*Zuni Roast Duck with Apples and Grapes*

# GEBRATENE ENTE MIT ÄPFELN UND WEINTRAUBEN DER ZUNI

**Für 4 Personen**

1 Ente, küchenfertig, mit Innereien
1 Zwiebel
1 Karotte
1 Apfel
50 g Haselnüsse
250 g Waldpilze
3 EL Maisöl
2 cl. Sherry
Salz
1 TL Cayennepfeffer
500 g Weintrauben

**1** Für die Füllung die Entenleber in Würfel schneiden. Die Zwiebel schälen und in feine Würfel schneiden. Die Karotte putzen und waschen, den Apfel waschen, vierteln und das Kernhaus ausschneiden. Apfel und Karotte raspeln.

**2** Die Haselnüsse hacken. Die Pilze putzen, mit einem feuchten Küchentuch abreiben und fein hacken.

**3** Das Öl in einer Pfanne erhitzen und die Entenleber darin anbraten. Zwiebel, Karotte, Apfel, Haselnüsse und Pilze nacheinander zur Entenleber geben und jeweils kurz mitbraten. Das Ganze mit dem Sherry ablöschen und mit Salz und Cayennepfeffer würzig abschmecken.

**4** Den Backofen auf 200 °C vorheizen. Die Ente waschen, trockentupfen und innen und außen mit Salz einreiben. Die Füllung in die Ente geben und die Öffnung mit einer Rouladennadel zustecken oder mit Küchengarn zunähen.

**5** Die gefüllte Ente auf einen Rost legen. Die Weintrauben in die Fettpfanne geben und den Rost über der Fettpfanne in den Backofen schieben. Die Ente etwa 2 Stunden braten, dabei immer wieder mit der Traubensauce begießen.

**6** Am Ende der Garzeit die Ente tranchieren und auf einer Platte anrichten. Die Sauce durch ein Sieb streichen, mit Salz und Cayennepfeffer abschmecken und getrennt zur Ente reichen.

### Sherry für Amerika
*Die spanischen Missionare brachten Weintrauben und Sherry nach Amerika, und die Indianer benützten die Produkte der Europäer gern, um ihre Speisen noch phantasievoller zuzubereiten.*

*Juniper Lamb Stew with Chili Dumplings from the Hopi*

# LAMMRAGOUT MIT CHILI-KNÖDELN DER HOPI

**Für 6 Personen**

**Für das Lammragout:**

500 g gemischte
Paprikaschoten

1 Zwiebel

1 Knoblauchzehe

3 Frühlingszwiebeln

3 Salbeiblätter

1 kg Lammfleisch
aus der Keule

5 EL Maisöl

1 Dose Maiskörner (300 g)

Salz

$^1/_2$ TL Cayennepfeffer

1 TL Wacholderbeeren

**Für die Chiliknödel:**

1 grüne Chili

100 g Mehl

100 g Maismehl

$^1/_2$ TL Backpulver

Salz

1 Ei

**1** Für das Lammragout die Paprikaschoten waschen, auf ein Backblech legen und bei 200 °C im Backofen backen, bis die Haut Blasen wirft. Dabei mehrfach wenden. Die Paprikaschoten aus dem Ofen nehmen, abkühlen lassen, Häute abziehen, Kerne und Stielansatz entfernen.
**2** Zwiebel und Knoblauch schälen und fein hacken. Die Frühlingszwiebeln putzen, waschen und in Ringe schneiden.

**3** Die Salbeiblätter hacken. Das Lammfleisch in mundgerechte Würfel schneiden. In einem großen Topf das Öl erhitzen und das Fleisch darin anbraten. Zwiebel, Frühlingszwiebeln und Knoblauch dazugeben und kurz mitbraten. Dann die Paprikaschoten und die Maiskörner zum Fleisch geben und das Ganze mit $^1/_4$ l Wasser angießen. Das Ragout mit Salz, Cayennepfeffer, Wacholderbeeren und Salbei

würzen und auf kleiner Flamme zugedeckt etwa 1 Stunde köcheln lassen.
**4** Für die Chili-Knödel die Chili waschen, halbieren, entkernen und kleinschneiden. Alle Zutaten mit 3 Eßlöffeln Wasser gut verkneten. Aus dieser Masse 6 gleich große Knödel formen. Diese »Dumplings« am Ende der Garzeit auf das Fleisch legen und ohne Deckel noch etwa l0 Minuten ziehen lassen.

59

# KANINCHENEINTOPF DER IROKESEN

**Für 4 Personen**

| 150 g getrocknete Bohnen |
| 2 Zwiebeln |
| 1 Knoblauchzehe |
| 1 rote Paprikaschote |
| 200 g Tomaten |
| 4 Kaninchenkeulen |
| 50 g durchwachsener Speck |
| 4 EL Maisöl |
| Salz |
| 1 TL Cayennepfeffer |
| Oregano |
| 10 Lorbeerblätter |
| 1 Dose Maiskörner (300 g) |

**1** Die Bohnen über Nacht in kaltem Wasser einweichen.

**2** Die Zwiebeln und die Knoblauchzehe schälen. Die Zwiebeln fein würfeln. Die Paprikaschote putzen und waschen, dann halbieren und entkernen. Das Fruchtfleisch in kleine Würfel schneiden.

**3** Die Tomaten in kochendes Wasser legen, 5 Minuten ziehen lassen, abkühlen und die Haut abziehen. Die geschälten Tomaten halbieren und entkernen. Das Fruchtfleisch in grobe Würfel schneiden.

**4** Die Kaninchenkeulen waschen und abtrocknen. Den Speck in Würfel schneiden. Das Öl in einer Pfanne mit hohem Rand oder einem Bratentopf erhitzen und den Speck darin ausbraten. Die Kaninchenkeulen im heißen Fett von allen Seiten anbraten.

**5** Die Zwiebeln zum Fleisch geben und einige Minuten mitbraten. Die eingeweichten Bohnen abgießen und zusammen mit dem Fruchtfleisch der Tomaten und der Paprikaschote zum Fleisch geben. Das Ganze mit $1/4$ l Wasser aufgießen, mit Salz, Cayennepfeffer, Oregano und Lorbeerblättern würzen. Die Knoblauchzehe dazupressen und alles gut umrühren.

**6** Den Eintopf bei mittlerer Hitze etwa 1 Stunde zugedeckt kochen lassen, bis die Bohnen gar sind. Dabei immer wieder umrühren, damit nichts anbrennt. Zum Schluß die Maiskörner unterheben.

**Tip:**

Jackrabbits sind Eselhasen, die in Europa nicht erhältlich sind. Mit Kaninchenfleisch schmeckt das Gericht aber auch sehr gut und ist bekömmlicher. Originaler wird es hingegen, wenn Sie einen Feldhasen verwenden.

### Weibliche Erben

*Die Irokesen wohnten in Langhäusern, die matrilinear vererbt wurden, das heißt von der Mutter auf die Tochter. Sie lebten von der Jagd und dem Gemüseanbau. Ihre Töpfe brodelten ständig und jeder konnte sich aus ihnen bedienen.*

*Die großen »Chiefs«, die Häuptlinge, hielten ihre Ratsversammlungen am Feuer der Langhäuser ab. Wenn der Zeremonienmeister das »Calumet«, die Friedenspfeife, rauchte, blies er den Rauch des zweiten Zuges zur Erde, um sich für die reichhaltigen Gaben der Natur zu bedanken.*

*Die Nachfahren dieser stolzen Liga der Irokesen, zu der die Cayuga, Mohawk, Oneida, Onondaga, Seneca und Tuscarora zählen, leben heute in Reservaten im US-Staat New York und in Kanada.*

# CHILIAUFLAUF DER COMANCHEN

**2** Das Öl in einem Topf erhitzen und die Zwiebel darin bei mittlerer Hitze glasig dünsten. Das Hackfleisch dazugeben und krümelig braten. Die Knoblauchzehen zum Fleisch pressen, Salz, Cayennepfeffer sowie die Kartoffel- und Paprikawürfel zum Fleisch geben. Das Ganze gut vermischen, mit der Rinderbrühe aufgießen und im Ofen bei 200 °C 30 Minuten garen.

**3** Inzwischen die Frühlingszwiebel putzen, waschen und in Scheiben schneiden. Den fertigen Auflauf mit den Frühlingszwiebelscheiben garnieren. Mit Popcorn servieren.

*Hopi Corn Stew*

# MAISEINTOPF DER HOPI

**Für 4 Personen**

| |
|---|
| **2 Zwiebeln** |
| **2 Knoblauchzehen** |
| **500 g Kartoffeln** |
| **500 g grüne Paprikaschoten** |
| **5 EL Maisöl** |
| **500 g Rinderhackfleisch** |
| **Salz** |
| **1 TL Cayennepfeffer oder grüner, gemahlener Chili** |
| **1/4 l Rinderbrühe** |
| **1 Frühlingszwiebel** |

**1** Die Zwiebeln und die Knoblauchzehen schälen. Die Zwiebeln fein würfeln. Die Kartoffeln schälen, waschen und nicht zu fein würfeln. Die Paprikaschoten waschen, putzen, entkernen und das Fruchtfleisch in kleine Würfel schneiden.

**Für 4 Personen**

| |
|---|
| **1 Zwiebel** |
| **1 Knoblauchzehe** |
| **1 grüne Paprikaschote** |
| **1 grüne Zucchini** |
| **1 gelbe Zucchini** |
| **50 g durchwachsener Speck** |
| **1 EL Maisöl** |
| **500 g Hackfleisch von Lamm oder Ziege** |
| **Salz** |
| **1 TL Cayennepfeffer** |
| **1 Dose Maiskörner (300 g)** |

**1** Die Zwiebel und die Knoblauchzehe schälen. Die Zwiebel fein würfeln. Die Paprikaschote waschen und entkernen, die Zucchini putzen und waschen. Beides in kleine Würfel schneiden.

**2** Den Speck würfelig schneiden. Das Öl in einem Topf erhitzen und den Speck darin bei mittlerer Hitze ausbraten. Die Zwiebel dazugeben und glasig dünsten. Das Hackfleisch zur Zwiebel geben und krümelig braten. Die Knoblauchzehe zum Fleisch pressen.

**3** Das Hackfleisch mit Salz und Cayennepfeffer bestreuen, die Paprika- und die Zucchiniwürfel dazugeben und das Ganze gut vermischen.

**4** Den Eintopf auf kleiner Flamme etwa 1 Stunde köcheln lassen. Dabei immer wieder umrühren. Zuletzt die Maiskörner untermischen.

*Pueblo Venison Stew from San Ildefonso*

# WILDEINTOPF AUS DEM PUEBLO VON SAN ILDEFONSO

**Für 6 Personen**

| |
|---|
| 1 große Zwiebel |
| 2 Knoblauchzehen |
| 500 g grüne Paprikaschoten |
| 3 EL Maisöl |
| 1 kg Rehgulasch |
| Salz |
| 1 TL Cayennepfeffer |
| 1 TL Wacholderbeeren |
| 1 Dose Maiskörner (300 g) |
| 50 g Pinienkerne |
| 50 g Sonnenblumenkerne |

1 Die Zwiebel und die Knoblauchzehen schälen. Die Zwiebel fein würfeln. Die Paprikaschoten waschen, entkernen und in Würfel schneiden.

2 Das Öl in einem Topf erhitzen und die Zwiebel darin bei mittlerer Hitze glasig dünsten. Das Rehgulasch dazugeben und von allen Seiten anbraten. Salz, Cayennepfeffer, Wacholderbeeren und die Paprikawürfel zum Fleisch geben.

3 Den Knoblauch darüberpressen. Den Eintopf gut umrühren und auf kleiner Flamme zugedeckt etwa 1 Stunde köcheln lassen. Zuletzt die Körner und Kerne untermischen.

*Taos Rabbit*

# KANINCHEN NACH TAOS-ART

**Für 4 Personen**

| |
|---|
| 1 Kaninchen von ca. 1,5 kg |
| Salz |
| 5 EL Maisöl |
| 5 Chilis |
| 5 Lorbeerblätter |
| 10 Salbeiblätter |
| 30 g Pinienkerne |
| $^1/_8$ l Balsamessig |

1 Den Backofen auf 200 °C vorheizen. Das Kaninchen waschen, abtrocknen und mit Salz einreiben.

2 Das Öl in einen passenden Bräter geben und im Backofen erhitzen. Das Kaninchen ins heiße Öl legen und in etwa 90 Minuten braten. Anfangs mehrfach wenden.

3 Sobald das Kaninchen von allen Seiten gleichmäßig angebraten ist, Chilis, Lorbeer- und Salbeiblätter sowie die Pinienkerne in den Bräter geben. Das Kaninchen bis zum Ende der Garzeit immer wieder mit dem Balsamessig begießen, bis der Essig verbraucht ist.

**Land der Verzauberung**

*Taos Pueblo ist die Seele von Neu-Mexiko, dem »Land of enchantment«, dem Land der Verzauberung. Die Indianer der Tewa-Sprachfamilie leben dort heute noch in ihren »Adobe«-Häusern ohne elektrisches Licht und ohne Wasser. Der Charme des Pueblos, der azurblaue Himmel und die Diskretion der Indianer hat immer wieder Künstler angelockt. Viele Berühmtheiten wie der britische Schriftsteller D. H. Lawrence und der deutsche Maler Max Ernst verbrachten Jahre ihres Lebens in Taos, vielleicht ihre besten.*

**B**is zum heutigen Tag ist die Hochzeit das bedeutendste Ereignis im Leben der amerikanischen Ureinwohner. Das Ritual hingegen ist von Stamm zu Stamm sehr unterschiedlich. Besonders charakteristisch ist das Hochzeitsritual der Navajo, das auf jahrhundertealten Traditionen basiert.

Wenn ein Navajo-Mann eine Navajo-Frau heiratet, geht er nicht einfach zu einem Juwelier und kauft zwei Eheringe. Vielmehr nimmt allein die Herstellung der für die Hochzeit notwendigen Utensilien viele Wochen in Anspruch. Das Wichtigste dabei sind die Hochzeitsketten und der Korb. Die Braut und der Brautvater benötigen fast zwei Monate, um die benötigten Türkise zu fnden, mit einem »Ladonne«, einem Handbohrer in Form eines Bogens, zu

durchbohren und zu einer Kette aufzufädeln. Der Bräutigam hat es noch schwerer. Er muß alle seine Türkise selbst fnden, sie müssen größer sein als die der Braut, und er verschönert seine Kette auch noch mit Korallen. Diese Arbeit kann drei Monate in Anspruch nehmen.

In der Zwischenzeit macht sich die Großmutter daran, den Hochzeitskorb zu fechten. Tagelang streift sie durch die Wüsten Arizonas, um die längsten und festesten Blätter der Yucca-Pflanze zu fnden. Aus diesen wird dann in Spiralwulsttechnik der Hochzeitskorb gefbchten. Er muß so dicht sein, daß nicht ein Gramm von dem Maismehl, mit dem er gefüllt wird, verlorengeht. Das eingefbchtene Design stellt einen Hogan dar, die typische Hütte, in der das junge Paar einmal leben wird. Die für die Hochzeitsketten verwendeten Türkise haben für die Navajo wie für die meisten Stämme des Südwestens eine tiefe symbolische Bedeutung. Ihre Farbe erinnert an das Wasser und den Himmel, die ewige Freundschaft und die Liebe. Außerdem gilt der Türkis als »spiritueller Stein«. Es heißt, er könne die Menschen vor Krankheiten und Unfällen

schützen. Deshalb ist er auch ein willkommenes Geschenk für neugeborene Kinder. Wenn der Besitzer eines Türkises den Eindruck hat, der Stein habe seine magischen Kräfte verloren, vergräbt er ihn einfach für einige Tage und gibt ihn damit symbolisch der Mutter Erde zurück. Auf diese Weise regenerieren sich seine magischen Kräfte. Wenn der Tag der Hochzeit gekommen ist, versammeln sich das Brautpaar und die Verwandten und bilden unter freiem Himmel einen Kreis, das Symbol der Einheit und des ewig wiederkehrenden Lebens. Man breitet eine neue Decke auf dem Boden aus, in die die Weberin ihr ganzes handwerkliches Geschick gelegt hat – eine Kunst, die den Navajo der Sage nach von »Spider Woman«, der Spinnenfrau, offenbart worden ist. Diese Decke diente dem Paar einst als Umhang bei Tag und als Bettdecke bei Nacht. Nun bringt die Großmutter den leeren Hochzeitskorb, und die Mütter des Brautpaares füllen ihn mit gelbem und blauem Maismehl. Braut und Bräutigam vermischen das Mehl zum Zeichen, daß auch ihr Blut sich nun zu einem neuen, gemeinsamen Leben vereint.

# DER NAVAJO

*Wild Turkey with Pinon Nut Stuffing from the Narraganset*

# GEFÜLLTER TRUTHAHN DER NARRAGANSET

**Für 6 bis 8 Personen**

1 Truthahn von ca. 3 kg
Salz und Pfeffer
110 g Pinienkerne
einige Salbeiblätter
2 Eier
200 g Semmelbrösel
5 EL Maisöl
50 g Butter
$^1/_8$ l spanischer Sherry

**1** Den Truthahn waschen, abtrocknen und von außen und innen salzen und pfeffern. Den Backofen auf 200 °C vorheizen.

**2** Von den Pinienkernen 1 Eßlöffel beiseite legen. Die übrigen in einer Pfanne ohne Fettzugabe goldgelb rösten. Die Salbeiblätter in Streifen schneiden. Die Eier in eine Schüssel aufschlagen und mit den Semmelbröseln vermischen. Die gerösteten Pinienkerne mit etwas Salz, Pfeffer und der Hälfte des Salbeis untermischen.

**3** Die Füllung in den Truthahn geben. Die Öffnung mit einer Rouladennadel zustecken oder mit einer Nadel und Küchengarn zunähen.

**4** Das Öl mit der Butter in einem Bräter erhitzen, den gefüllten Truthahn hineingeben und im heißen Backofen etwa 3 Stunden braten. Nach der Hälfte der Bratzeit umdrehen und mit $^1/_4$ l kochendem Wasser sowie dem Sherry ablöschen. Bis zum Ende der Bratzeit öfters mit der Sauce begießen. Zuletzt die restlichen Pinienkerne und Salbei in die Sauce geben.

### Thanksgiving

*Als die Pilgrim Fathers nach wochenlanger Fahrt auf der »Mayfbwer« im Jahre l620 in Plymouth Rock ankamen, waren sie vollkommen ausgehungert. Die Natur bot ihnen reichlich zu essen, doch viele kamen aus der Stadt, waren auf das Leben in der Natur nicht vorbereitet und meinten, in einem öden und unwirtlichen Land zu sein. Glücklicherweise gab es die Indianer, die in ihrer großen Gastfreundschaft den ersten wilden Truthahn mit ihnen teilten. Heute ist Thanksgiving, das Erntedankfest, der wichtigste Feiertag in Amerika und wird mit Truthahn, Preiselbeeren, Süßkartoffeln und »Corn muffins«, Maiskuchen, begangen.*

*Feast Day Pork Roast from Tsia Pueblo*

# FESTTAGSSCHWEINEBRATEN AUS DEM TSIA-PUEBLO

**Für 4 bis 5 Personen**

30 g Rosinen
2 cl Sherry
500 g rote Paprikaschoten
1 Zwiebel
1 Knoblauchzehe
3 EL Maisöl
1 kg Schweinebraten mit Schwarte
1 TL Salz
1 TL Cayennepfeffer
500 g Tomaten
1 Zweig frischer Oregano
250 g Maronen (Eßkastanien)

**1** Die Rosinen in Sherry einweichen. Den Backofen auf 200 °C vorheizen. Die Paprikaschoten waschen, auf ein mit Backpapier belegtes Backblech legen und backen, bis die Haut Blasen wirft. Gelegentlich wenden. Die Paprikaschoten aus dem Ofen nehmen und etwas abkühlen lassen. Die Häute abziehen, Kerne und Stielansatz entfernen.
**2** Die Zwiebel und die Knoblauchzehe schälen und fein hacken. Das Öl in einem Bräter erhitzen. Das Fleisch mit der Kruste nach oben hineingeben, anbraten und mit Salz und Cayennepfeffer bestreuen. Die Zwiebel und den Knoblauch dazugeben, das Ganze in den Ofen stellen und etwa 2 Stunden braten.

**3** Die Tomaten in kochendes Wasser legen, 5 Minuten ziehen lassen, abkühlen lassen, schälen und das Fruchtfleisch im Mixer pürieren. Die abgezogenen Paprika ebenfalls pürieren und beides nach der Hälfte der Garzeit zum Braten geben.
**4** Den Oregano waschen und trockenschütteln. Die Blättchen abzupfen und hacken. Die Maronen etwa 30 Minuten kochen, schälen und mit den Rosinen und dem Oregano kurz vor Ende der Garzeit in die Sauce mischen.

### Schweinerei

*In früheren Zeiten war es für die amerikanischen Ureinwohner ein Tabu, Schweinefleisch zu essen, da das Schwein nicht allein von Pflanzen lebt, wie das Wild und der Büffel, sondern ein Allesfresser ist und sich darüber hinaus im Dreck suhlt. Aber Ende des 18. Jahrhunderts, als die Jagdgründe fast leer waren, zwang der Hunger die Indianer zum Verzehr dieses Tieres.*

*Hopi Venison Stew*

# WILDEINTOPF DER HOPI

**Für 4 Personen**

| | |
|---|---|
| 600 g Rehfleisch | |
| 1 Zwiebel | |
| 1 Karotte | |
| 6 Stangen Staudensellerie | |
| 1 grüne Chilischote | |
| 3 EL Maisöl | |
| Salz | |
| 1 TL Oregano | |
| 300 g Kartoffeln | |

**2** Das Öl in einem Topf erhitzen und darin die Zwiebel bei mittlerer Hitze glasig dünsten. Das Fleisch zugeben, mit Salz und Oregano bestreuen und von allen Seiten anbraten. Das Gemüse zum Fleisch geben, das Ganze noch einige Minuten dünsten lassen, dann mit $^1/_2$ l Wasser ablöschen, aufkochen und bei schwacher Hitze reichlich 1 Stunde köcheln lassen.

**3** Inzwischen die Kartoffeln waschen, schälen und in Würfel schneiden. Die Kartoffeln 10 Minuten vor Ende der Garzeit zum Eintopf geben und mitgaren.

**1** Das Rehfleisch in etwa 2 cm große Würfel schneiden. Die Zwiebel schälen und fein hacken. Karotte und Staudensellerie putzen, waschen und in nicht zu kleine Würfel schneiden. Die Chilischote waschen, halbieren, entkernen und in feine Streifen schneiden.

### Gute Geister

*Die Hopi, die im heutigen US-Staat Arizona leben, sind ausgezeichnete Silberschmiede, Töpfer und Schnitzer von »Kachina dolls«, bemalten Holzpuppen.*

*Die Kachina (oder Katsina in der Sprache der Hopi) sind gute Geister, die den Menschen auf ihrem langen Weg von der Geburt bis zum Tod, dem Übergang zum Großen Geist, zur Seite stehen und die Vermittler zu diesem sind. Sie tauchen in allen Religionen der Pueblo-Indianer auf, insbesondere aber bei den Hopi. Diese haben über 250 Kachinas, von denen jede ihre besondere Bedeutung hat. Sie sollen etwa helfen, daß der Schnee auf den zu bestellenden Feldern taut, genügend Regen fällt, die Ernte gut ist, die Frauen fruchtbar und vieles mehr.*

*Um ihren Kindern diesen Brauch zu vermitteln, schnitzen die Hopi die Kachinas, Figuren aus »Cottonwood«, einem Holz, das leichter ist als Balsa und zur Familie der Pappeln gehört.*

# GEFÜLLTE WACHTELN DER ZUNI

**Für 3 Personen**

6 Wachteln
12 Salbeiblätter
100 g Walnüsse
50 g Semmelbrösel
Salz
2 Eier
6 EL Maisöl
$^1/_4$ l Geflügelbrühe
1 EL rote Pfefferkörner

1 Die Wachteln waschen und auf Küchenkrepp abtropfen lassen.
2 Die Salbeiblätter waschen, trockentupfen und 6 Blätter fein hacken. Die Walnüsse ebenfalls hacken und mit den Semmelbröseln, dem gehackten Salbei, dem Salz und den Eiern vermischen. Den Backofen auf 200 °C vorheizen.

3 Die Wachteln mit der Nuß-Semmelbrösel-Masse füllen. Die Öffnung mit Zahnstochern zustecken und die Wachteln von außen mit Salz einreiben.
4 Das Öl in einer ofenfesten Pfanne erhitzen, die gefüllten Wachteln hineingeben und von allen Seiten kurz und scharf anbraten, dann in etwa 1 Stunde im Backofen fertigbraten.
5 Am Ende der Garzeit die Wachteln aus der Pfanne nehmen und warm stellen. Den Bratensatz mit der Brühe loskochen, den roten Pfeffer dazugeben und die Sauce abschmecken. Die Wachteln auf den restlichen Salbeiblättern anrichten.

### Corn maidens

*In einer Legende der Zuni tanzten sechs Mädchen den Maistanz, als ein Priester, der das schönste der »Corn maidens« begehrte, es zu berühren versuchte. Gekränkt nahmen die Mädchen den Mais und fohen in den Ozean. Die Zurückgebliebenen litten ohne den Mais an einer Hungersnot. Schließlich sandten die Priester einige Krieger aus, die Mädchen zurückzubringen. Diese nahmen das letzte Maismehl mit, streuten es aus, um den Mädchen den Weg nach Hause zu zeigen und schufen so die Milchstraße. Dankbar kehrten die verloren geglaubten Töchter zurück.*

*Navajo Lamb Stew*

# LAMMEINTOPF DER NAVAJO

**Für 4 Personen**

| |
|---|
| 100 g getrocknete weiße Bohnen |
| 500 g Lammfleisch ohne Knochen, gewürfelt |
| 1 Zwiebel |
| 2 Knoblauchzehen |
| 500 g Tomaten |
| 3 EL Maisöl |
| Salz |
| 1 TL Cayennepfeffer |
| 1 Zweig Majoran |
| 300 g Kartoffeln |

1 Am Vortag die Bohnen in reichlich Wasser einweichen und in den Kühlschrank stellen.
2 Das Lammfleisch in etwa 2 cm große Würfel schneiden. Die Zwiebel und die Knoblauchzehen schälen und fein hacken. Die Tomaten in kochendes Wasser geben, 5 Minuten ziehen lassen, abkühlen lassen und häuten.
3 Das Öl in einem Topf erhitzen und die Zwiebel und den Knoblauch darin bei mittlerer Hitze glasig dünsten. Das Fleisch dazugeben, anbraten und mit Salz, Cayennepfeffer und Majoran bestreuen.
4 Die eingeweichten Bohnen abgießen und zusammen mit den Tomaten zum Fleisch geben. Das Ganze zugedeckt bei niedriger Temperatur etwa l Stunde köcheln lassen.

5 Inzwischen die Kartoffeln schälen, waschen und in Würfel schneiden. Die Kartoffeln etwa 10 Minuten vor Ende der Garzeit zum Eintopf geben und mitgaren. Bei Bedarf noch etwas kochendes Wasser angießen.

### Fleisch und Wolle
*Die spanischen »Conquistadores«, die Eroberer, lehrten die Rothäute nicht nur das Fleisch, sondern auch die Wolle der Schafe zu verwenden, und so wurden die Navajo im Laufe der Zeit ausgezeichnete Weber.*

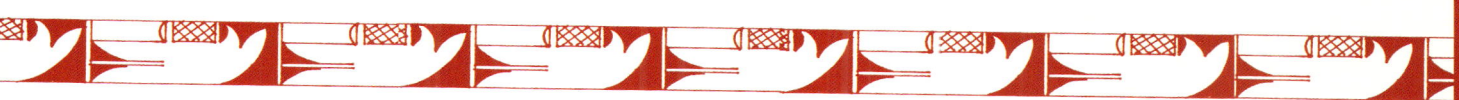

*Campfire Broiled Trout from Nambé Pueblo*

# GEBRATENE FORELLE NACH ART DES NAMBÉ-PUEBLO

**Für 4 Personen**

4 Forellen
Salz
Pfeffer
4 Frühlingszwiebeln
4 TL Wacholderbeeren
8 lange, schmale Scheiben von durchwachsenem Speck

**1** Die Forellen aufschneiden, ausnehmen, waschen und abtrocknen.

**2** Die Forellen außen und innen mit etwas Salz einreiben und mit wenig Pfeffer bestreuen.

**3** Die Frühlingszwiebeln putzen und waschen. In jede Forelle 1 Frühlingszwiebel und 1 Teelöffel Wacholderbeeren geben und die Fische mit je 2 Scheiben Speck zubinden. Entweder auf eine Astgabel spießen und über dem Lagerfeuer oder auf dem Grill etwa 8 Minuten braten.

**Tip:**

Da die Hitzeentwicklung von Lagerfeuern sehr unterschiedlich ist, können keine verbindlichen Garzeiten angegeben werden. Die Fische sind gar, wenn sich die Flossen leicht herausziehen lassen.

### Petri Heil!

*Früher waren die Flüsse Nordamerikas voll von Fischen, so voll, daß man sie mit der Hand oder einem Käscher fangen konnte. Häufig grillten die Indianer den Fisch wie auch kleines Wild an einem Spieß über dem Feuer. Heute braucht man etwas mehr Geduld zum Fischen, das man etwa in dem Pueblo von Nambé in Neu-Mexiko tun kann. Von Nambé aus kommt man zu Fuß in 20 Minuten zu den Nambé Falls, den Wasserfällen. Dort erhält man für ein Entgeld eine Angelerlaubnis und kann später seine selbstgefangenen Forellen braten.*

### Verlorenes Nambé

*Abgesehen von einer »Kiva«, einer unterirdischen Kultstätte – wenn auch der am besten erhaltenen aller Pueblos im Südwesten – erinnert nichts mehr an das einstige Dorf in diesem Reservat. Bei einem Umsiedlungsprojekt mußten die Bewohner von Nambé ihre wunderschönen »Adobe«-Häuser verlassen und in die von der US-Regierung zur Verfügung gestellten Häuser ziehen. Heute ist der Name des Stammes mit Kunstwerken aus Zinn und anderen Leichtmetallen verbunden.*

*Chili con Carne from the Pueblos*

# CHILI MIT FLEISCH AUS DEN PUEBLOS

**Für 4 Personen**

70 g getrocknete Bohnen
500 g rote Paprikaschoten
1 Dose geschälte Tomaten
(400 g Einwaage)
1 Zwiebel
1 Knoblauchzehe
3 EL Maisöl
500 g Rinderhackfleisch
Salz
1 TL Cayennepfeffer
1 TL Oregano

**1** Die getrockneten Bohnen über Nacht in reichlich Wasser einweichen.

**2** Die Paprikaschoten waschen, auf ein mit Backpapier belegtes Backblech legen und bei 200 °C im Backofen backen, bis die Haut Blasen wirft. Dabei mehrfach wenden. Die Paprikaschoten aus dem Ofen nehmen und abkühlen lassen. Häute abziehen, Kerne und Stielansatz entfernen. Das Fruchtfleisch im Mixer pürieren. Die Tomaten abtropfen lassen und ebenfalls pürieren.

**3** Zwiebel und Knoblauchzehe schälen und fein hacken. Das Öl in einem Topf erhitzen und die Zwiebel und den Knoblauch darin glasig dünsten.

**4** Das Hackfleisch mit dem Salz, dem Pfeffer und dem Oregano zu der Zwiebel geben und auf großem Feuer unter ständigem Rühren krümelig braten. Die Bohnen abgießen und mit dem Paprika- und dem Tomatenpüree unter das Hackfleisch mischen.

**5** Das Chili etwa l Stunde offen auf kleiner Flamme köcheln lassen, bis die Flüssigkeit weitgehend verdampft und die Sauce schön sämig ist.

**Tip:**
Reichen Sie frische Tortillas als Beilage.

### Die heißen Schoten

*Die getrockneten und zerstoßenen Chilischoten geben diesem Gericht seinen Namen. In den Pueblos werden sie noch heute angebaut, geerntet, zu »Ristras« aufgefädelt und vor den »Adobe«-Häusern zum Trocknen aufgehängt.*

*Auch in Indien, Thailand, Korea und China sind die Menschen ganz scharf auf Chili, wohingegen man ihn in Europa ursprünglich nur in der ungarischen und sizilianischen Küche verwendete. Jedoch hört man heute immer häufiger von regelrechten »Aficionados«, Chilifans, und kaum einer weiß, daß dieses Gewürz seine Heimat in Zentralamerika hat.*

*Mohegan Succotash*

# EINTOPF DER MOHEGAN

**Für 4 bis 5 Personen**

**200 g getrocknete weiße Bohnen**

**1 kg Lammfleisch aus der Keule**

**1 Zwiebel**

**1 Knoblauchzehe**

**je 1 grüne und rote Paprikaschote**

**2 Maiskolben**

**5 EL Maisöl**

**Salz**

**1 TL Cayennepfeffer**

**2 TL Oregano**

**1** Die Bohnen über Nacht in reichlich kaltem Wasser einweichen.

**2** Das Lammfleisch in etwa 2 cm große Würfel schneiden. Die Zwiebel und die Knoblauchzehe schälen und fein würfeln. Die Paprikaschoten waschen, halbieren, entkernen und in Würfel schneiden. Die Maiskolben waschen und in Scheiben schneiden.

**3** In einem Topf das Öl erhitzen und das Fleisch bei mittlerer Hitze von allen Seiten anbraten. Zwiebel, Knoblauch, Paprika und Mais dazugeben und kurz mitbraten. Die Bohnen abgießen, zum Eintopf geben, das Ganze mit 1/4 l Wasser aufgießen und aufkochen.

**4** Den Eintopf mit Salz, Cayennepfeffer und Oregano würzen und zugedeckt auf kleiner Flamme etwa 1 Stunde köcheln lassen, bis die Bohnen weich sind.

## Beliebter Eintopf

*»Succotash« stammt von dem indianischen Wort »m'sick-quotash«, was soviel wie »ganze Maiskörner« bedeutet. Ursprünglich wurde es mit Bärenfleisch zubereitet. Heute verwendet man Lammfleisch wie in diesem Rezept oder Hirsch- und Rindfleisch.*

*Es gibt viele Arten von Succotash, fast jeder Stamm hat sein eigenes Rezept. Dieses Succotash ist eine Spezialität der Mohegan, der Kanuleute, die im Nordosten der USA leben.*

*Zuni Succotash*

# EINTOPF DER ZUNI

**Für 4 Personen**

| |
|---|
| 1 Zwiebel |
| 300 g grüne Bohnen |
| 300 g Tomaten |
| 1 kg gelbe Zucchini |
| 3 EL Maisöl |
| 500 g Rehgulasch |
| 1 Dose Maiskörner (300 g) |
| Salz |
| 1 TL Cayennepfeffer |
| etwas Maisöl für die Form |

**1** Die Zwiebel schälen und fein hacken. Die Bohnen waschen und nötigenfalls die Fäden abziehen. Die Bohnen in mundgerechte Stücke brechen. Die Tomaten in kochendes Wasser geben, 5 Minuten ziehen lassen, abkühlen und häuten. Die Zucchini waschen, längs halbieren und aushöhlen. Das Fruchtfleisch würfelig schneiden.

**2** Das Öl in einem Topf erhitzen und das Fleisch darin bei mittlerer Hitze anbraten. Die Zwiebel dazugeben und glasig braten. Nun die Bohnen, die Tomaten, das Zucchinifleisch und die Maiskörner zum Fleisch geben. Das Ganze mit Salz und Cayennepfeffer würzen und auf kleiner Flamme zugedeckt etwa 1 Stunde schmoren lassen, bis das Fleisch gar ist.

**3** Inzwischen den Backofen auf 200 °C vorheizen. Eine Auflaufform einölen. Die ausgehöhlten Zucchinihälften in die Form setzen und im Ofen etwa 20 Minuten backen, bis sie weich sind. Den Eintopf in den Zucchinihälften anrichten.

*Pueblo Beef Stew with Garbanzos*

# RINDFLEISCHEINTOPF AUS DEN PUEBLOS

**Für 4 Personen**

| |
|---|
| 150 g getrocknete Kichererbsen |
| 1 grüne Paprikaschote |
| 1 grüne Chili |
| 1 Tomate |
| 5 EL Maisöl |
| 1 Zwiebel, gehackt |
| 1 Knoblauchzehe, gehackt |
| 50 g durchwachsener Speck, gewürfelt |
| 500 g Rindfleisch, gewürfelt |
| 1 EL Mehl |
| Salz |
| 1 TL Oregano |

**1** Die Kichererbsen über Nacht in reichlich kaltem Wasser einweichen, abgießen und gut abtropfen lassen.

**2** Paprikaschote und Chili waschen, entkernen und kleinschneiden, Tomate schälen. In einem Topf das Öl erhitzen und die Zwiebel und den Knoblauch darin glasig dünsten. Den Speck zugeben und ausbraten. Die Fleischwürfel mit Mehl bestäuben und im Speckfett von allen Seiten anbraten.

**3** Paprika, Chili, Tomate und Kichererbsen zum Fleisch geben. Den Eintopf mit Salz und Oregano würzen, umrühren und zugedeckt in etwa 2 Stunden fertigschmoren. Bei Bedarf ein wenig Wasser angießen.

*Chicos with Pinto Beans from the Pajute*

# MAIS MIT PINTO-BOHNEN DER PAIUTE

**Für 6 Personen**

200 g getrocknete
Wachtelbohnen

1 Zwiebel

1 Frühlingszwiebel

500 g geräuchertes Schweinefleisch (Kasseler), gewürfelt

3 EL Maisöl

Salz

1 TL Cayennepfeffer

1 Dose Maiskörner (300 g)

**1** Die Bohnen über Nacht in reichlich kaltem Wasser einweichen, abgießen und abtropfen lassen.

**2** Die Zwiebel schälen und fein würfeln. Die Frühlingszwiebel putzen, waschen und in feine Ringe schneiden. Das Kasseler in 1 cm große Würfel schneiden.

**3** Das Öl in einem Topf erhitzen und die Zwiebel darin bei mittlerer Hitze glasig dünsten. Das Fleisch dazugeben und von allen Seiten kräftig anbraten. Das Ganze mit Salz und Cayennepfeffer würzen.

**4** Die Bohnen zum Fleisch geben, so viel Wasser angießen, daß alles gerade bedeckt ist, und alles offen bei schwacher Hitze etwa l Stunde köcheln lassen. Zuletzt die Maiskörner unter den Eintopf heben und das Ganze mit der Frühlingszwiebel garnieren.

**Der steinerne Löwe**

*Der Fetisch stellt einen Mountain Lion, einen Berglöwen dar, der die nördliche Himmelsrichtung und die Farbe Gelb symbolisiert. Die Zuni sagen, daß sich jedes Tier vor seinem Tod einen Stein aussucht, in den seine Seele schlüpft. Wenn nun ein Jäger einen Stein findet, der einem Tier gleicht, nimmt er ihn mit und bearbeitet ihn.*

# GEMÜSE

*Potato Patties from the Chippewa*

# KARTOFFELBÄLLCHEN DER CHIPPEWA

**Für 4 Personen, als Beilage für 6 Personen**

1 kg Kartoffeln
1 Bund Dill
1 Frühlingszwiebel
Salz
schwarzer Pfeffer aus der Mühle
1 Eigelb, $\frac{1}{2}$ Muskatnuß
50 g Longhorn cheese, ersatzweise Pecorino
1 EL Mehl
$\frac{1}{4}$ l Maisöl

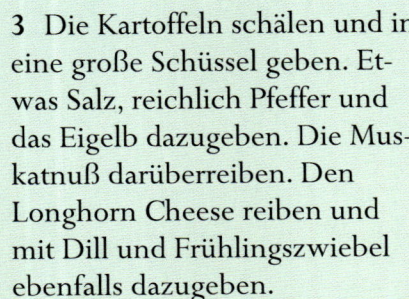

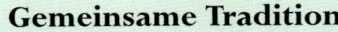

3 Die Kartoffeln schälen und in eine große Schüssel geben. Etwas Salz, reichlich Pfeffer und das Eigelb dazugeben. Die Muskatnuß darüberreiben. Den Longhorn Cheese reiben und mit Dill und Frühlingszwiebel ebenfalls dazugeben.
4 Alles mit dem Kartoffelstampfer zu einer homogenen Masse verarbeiten.
5 Den Kartoffelteig in 12 Portionen teilen und mit bemehlten Händen Bällchen formen.
6 Das Maisöl in einer Pfanne erhitzen, die Kartoffelbällchen darin goldgelb braten und auf Küchenkrepp abtropfen lassen.

**Gemeinsame Tradition**

*1976 entdeckte ein amerikanischer Anthropologe bei seinem Freund in Deming, Neu-Mexiko, eine eigenartige Keramik. Der Topf war von Indianern hergestellt worden, die von den Apachen abstammen und in dem mexikanischen Dorf Mata Ortiz leben, nahe der Grenze zu den USA. Doch trugen die Keramiken dieselben Motive und Ornamente wie die ihrer einstigen Stammesbrüder im Norden: Über Staatsgrenzen hinweg hatte sich eine Tradition weitervererbt. Auch diese Töpfe haben inzwischen ihre Liebhaber gefunden und stehen in ihrem Wert denen ihrer einstigen Brüder nicht nach.*

1 Die Kartoffeln in der Schale kochen und erkalten lassen.
2 Den Dill und die Frühlingszwiebel waschen und trockenschütteln. Den Dill fein hacken, die Frühlingszwiebel in feine Ringe schneiden.

# WILDE PILZE MIT FRÜHLINGS-ZWIEBELN DER PEQUOT

**Als Beilage für 4 Personen**

1 Knoblauchzehe
250 g gemischte Pilze:
Egerlinge, Champignons,
Pffferlinge, Austernpilze und
Schiitake
2 Frühlingszwiebeln
2 EL Maisöl
5 Lorbeerblätter
Salz
$\frac{1}{2}$ TL Cayennepfeffer
etwas Zitronensaft

1 Die Knoblauchzehe schälen und fein hacken. Die Pilze waschen, abtropfen lassen und die größeren in Scheiben schneiden. Die Frühlingszwiebeln putzen, waschen und in Scheiben schneiden.

2 Das Maisöl in einer Pfanne erhitzen und die Pilze darin 5 Minuten unter Rühren anbraten. Die Frühlingszwiebeln mit den Lorbeerblättern dazugeben und einige Minuten mitbraten lassen.

3 Die Pilze salzen und pfeffern und nach Belieben mit Zitronensaft abschmecken.

### Heilige Pilze

*Es war stets die Aufgabe der Frauen und Kinder, in den Wäldern Pilze zu sammeln und sie in schmackhafte Gerichte zu verwandeln oder für den Winter zu trocknen. Auf diese Weise vererbte sich die Kenntnis der genießbaren Pilze von der Mutter auf die Tochter.*

*Das Sammeln der Peyote, der Heiligen Pilze, ist Sache der Männer. Das Wort »Peyote« stammt von dem aztekischen Wort »Peyotl« und bedeutet »Fleisch der Götter«. Es handelt sich um einen Kaktus, der unterirdisch wächst und von dem nur ein kleiner Knopf sichtbar ist. Die Männer trocknen den Heiligen Pilz und machen daraus einen Aufguß, den sie bei religiösen Zeremonien trinken.*

*Die Zeremonien des Peyote-Kults werden meist nach Sonnenuntergang bis zum Sonnenaufgang am folgenden Samstag begangen. Sie waren ebenso wie der Geistertanz bis zum Jahr 1990 verboten. Nachdem die Peyote-Religion inzwischen aber über 300 000 Anhänger hat, konnte das Verbot nicht mehr so einfach aufrecht erhalten werden, und 1997 wurde die Teilnahme an den Riten für Indianer freigegeben. Weißen ist der Genuß des Peyote untersagt.*

*Honey-Ginger Baked Beets from the Potawatomi*

# GLASIERTE ROTE BETE DER POTAWATOMI

**Als Beilage für 4 Personen**

| |
|---|
| **500 g rote Bete** |
| **2 cm Ingwerwurzel** |
| **50 g Butter** |
| **2 EL Honig** |
| **Salz** |
| **Pfeffer** |
| **12 Salbeiblätter** |
| **1 EL Pinienkerne** |

1  Die roten Bete in einem Topf mit reichlich Wasser etwa 1 Stunde kochen, abkühlen lassen und schälen.
2  Das elektrische Grillgerät oder den Backofen mit eingeschaltetem Flächengrill auf 200 °C vorheizen. Die geschälten roten Bete halbieren und in eine ofenfeste Form geben.
3  Für die Glasur den Ingwer schälen und reiben. Die Butter und den Honig schmelzen lassen. Salz, Pfeffer und Ingwer unter die Butter-Honig-Masse rühren und alles über die halbierten roten Bete gießen. Das Ganze unter dem Grill etwa 10 Minuten backen.
4  Inzwischen die Salbeiblätter waschen und trockentupfen. Am Ende der Grillzeit die Roten Bete mit dem Salbei garnieren und mit den Pinienkernen bestreuen.

### Russisches Erbe

*Im 17. Jahrhundert kamen russische Einwanderer nach Nordamerika und ließen sich in der Nähe der Großen Seen nieder. Meist waren es Pelzhändler, die Felle gegen Rote Bete tauschten, die sie aus ihrer Heimat mitgebracht hatten. Die Indianer übernahmen die Roten Bete und verwandelten sie mit Honig und Ingwer, den sie in den umliegenden Wäldern fanden, zu einem exotischen Gemüse.*

# TORTILLAS

*Honey Glazed Baked Squash from Santa Clara*

# GLASIERTER KÜRBIS AUS SANTA CLARA

## Für 12 Tortillas

| |
|---|
| **150 g Weizenmehl** |
| **150 g feines Maismehl** |
| **2 TL Backpulver** |
| **1 TL Salz** |
| **6 EL Maisöl** |
| **einige Korianderblättchen** |

**1** Mehl, Maismehl und Backpulver in eine Rührschüssel sieben und das Salz daruntermischen. Öl und $^1/_8$ l Wasser dazugeben und das Ganze mit den Händen oder den Knethaken des Handrührgeräts zu einem festen Teig verarbeiten.

**2** Den Teig 30 Minuten ruhen lassen, dann den Koriander dazukneten. Den Teig zu 12 Kugeln formen und diese dünn ausrollen. Die Tortillas in einer schweren Pfanne ohne Fettzugabe bei mittlerer Hitze von beiden Seiten backen.

## Als Beilage für 6 Personen

| |
|---|
| **3 grüne Kürbisse** |
| **100 g Haselnüsse** |
| **50 g Butter** |
| **Salz** |
| **Pfeffer** |
| **3 EL Honig** |

**1** Den Backofen auf 200 °C vorheizen. Die Kürbisse waschen, der Länge nach halbieren, die Kerne entfernen und die Kürbisse mit den Schnittflächen nach unten in eine Auflaufform geben. $^1/_4$ l Wasser angießen und die Kürbisse im Ofen etwa 30 Minuten braten.

**2** Inzwischen die Haselnüsse im Mixer zerkleinern und mit der Butter, Salz und Pfeffer vermischen. Den Honig verflissigen.

**3** Die gegarten Kürbisse umdrehen, mit der Haselnußmasse füllen und mit dem Honig bepinseln. Die gefüllten Kürbishälften wieder in die Form geben und in weiteren 30 Minuten fertigbraten.

## Leckerer Kürbis

*Mit »Squash«, einem englischen Wort indianischen Ursprungs (askutasquash) werden die verschiedenen Kürbisarten bezeichnet, die von den seßhaften Indianerstämmen im Südosten und Südwesten der USA angebaut wurden. Während das Fleisch und die Kerne gegessen wurden, diente die Schale als Kochtopf für Suppen und Eintöpfe. Der Gartenkürbis spielt bis heute in der Küche dieser Stämme eine wichtige Rolle. Bei uns werden sie meist nur als Zierkürbisse verwendet, schmecken aber mit dieser Füllung ausgezeichnet.*

*San Juan Squash*

# GEBACKENE ZUCCHINI VON SAN JUAN

**Als Beilage für 4 Personen**

| 800 g gelbe Zucchini |
| 4 Frühlingszwiebeln |
| 100 g Semmelbrösel |
| Salz |
| 1 TL Cayennepfeffer |
| 100 g durchwachsener Speck in Scheiben |
| 1 EL Maisöl |
| einige Rosmarinzweige zum Garnieren |

von den Eroberern in San Gabriel umbenannt und zur Hauptstadt des neuen Nordspanien erklärt. Die Bewohner fohen über den Fluß nach O'ke, welches die Konquistadoren in »San Juan de los Caballeros« umtauften. Hier begann der Aufstand der Pueblos gegen die Fremdherrschaft der Spanier. Der Anführer der Revolte war Popay, ein Schamane, Krieger und großer Weiser von O'ke.

1 Die Zucchini waschen, halbieren und aushöhlen. Die Frühlingszwiebeln putzen, waschen und in feine Ringe schneiden. Den Backofen auf 200 °C vorheizen.

2 Das Zucchinifleisch im Mixer pürieren und mit den Semmelbröseln, den Frühlingszwiebeln, Salz und Pfeffer vermischen.

3 Die Zucchinihälften mit der Masse füllen und mit Speckstreifen belegen. Eine feuerfeste Form mit Öl auspinseln, die gefüllten Zucchinihälften hineingeben und im Ofen etwa 40 Minuten backen.

**Der Aufstand der Pueblos**

*Vor der Ankunft der Spanier bestand San Juan aus zwei Pueblos, die sich an den Ufern des Rio Grande gegenüberlagen. Das eine Pueblo, Yunque Yunque, wurde im Jahre 1598*

*Skillet Corn Bread from the Zuni*

# MAISFLADEN IN DER PFANNE DER ZUNI

**Für 6 Personen**

| 4 Frühlingszwiebeln |
| je 1 grüne und rote Chili |
| 100 g durchwachsener Speck |
| $1/8$ l Milch |
| 300 g Maisgrieß (Polenta) |
| 1 TL Salz, 1 EL Zucker |
| 1 Ei, 1 TL Cayennepfeffer |

1 Frühlingszwiebeln und Chilischoten waschen. Die Frühlingszwiebeln in feine Ringe schneiden, die Chilis halbieren, entkernen und in feine Streifen schneiden.

2 Den Speck in dünne Scheiben schneiden, in einer großen Pfanne knusprig ausbraten, heraus-

nehmen und auf Küchenkrepp abtropfen lassen. Frühlingszwiebeln und Chilis im Speckfett anbraten. Den Speck in Stücke brechen und wieder in die Pfanne geben.

3 Die Milch mit $1 1/4$ l Wasser in einem großen Topf aufkochen, das Maismehl mit Salz und Zucker hineinrühren und unter ständigem Rühren etwa 20 Minuten kochen.

4 Das Ei mit Pfeffer und etwas Maisbrei verrühren und unter den Maisbrei rühren. Diesen in die Pfanne gießen und 30 Minuten ruhen lassen. Dann im heißen Ofen bei 180 °C weitere 30 Minuten backen.

# DIE SIOUX

Sioux: der faszinierendste Name in der gesamten Geschichte der Indianer. In Wahrheit freilich existieren sie gar nicht, denn es gibt keinen Stamm dieses Namens. Er ist vielmehr ein Sammelbegriff für eine ganze Völkerfamilie. Der Name Sioux ist eine verkürzte Form des Wortes »Nadouessioux«, das aus der Sprache der Chippewa stammt und »Feind« bedeutet. Damit bezeichneten sie alle Stämme, die westlich ihres Gebiets lebten. Bei diesen handelt es sich um Stämme, die vorwiegend in Nord- und Süddakota lebten, bei ihren nomadisierenden Jagdzügen aber immer wieder in andere Gebiete eindrangen.

Die meisten dieser Stämme – Yankton, Mandan, Hidatsa, Dakota, Lakota, Oglala, Brulé, Santee, Teton, Hunkpapa (der Stamm des legendären Sitting Bull), Sisseton, Assiniboine und Winnebago – verband eine gemeinsame Sprache, das »Siouan«. Ihren Ruhm verdanken die Sioux ihrem zähen Widerstand gegen die Kolonisierung ihrer Jagdgründe durch weiße Siedler. Der Widerstand begann im Frühling 1862 unter der Führung von Little Crow vom Stamm der Dakota, nachdem ihm und anderen Anführern in Washington die Rechte auf ihr Gebiet aberkannt worden waren.

Ein Jahr lang führte »Cetan Watan Mani« (Little Crow) mit seinen Kriegern einen erbitterten Kleinkrieg, dem an die 400 weiße Siedler zum Opfer fielen. Die amerikanische Regierung setzte schließlich einen Preis von US $ 25,— auf seinen Skalp aus. Am 3. Juli 1863 wurde er von weißen Siedlern überrascht und getötet. Sein Skelett und sein Skalp in der »Minnesota Historical Society« zur Schau gestellt. Diese Beleidigung eines einstigen Helden vereinigte alle Stämme der Sioux-Sprachfamilie, und die Cheyenne, die in Montana lebten, schlossen sich ihnen an. Unter charismatischen Führern wie Tashunka Witco (Crazy Horse), Pizi (Gall), Tatanka Yotanka (Sitting Bull) und Red Cloud gelang es ihnen, der US-Armee über Jahre hinweg große Probleme zu bereiten und immer wieder Niederlagen zuzufügen. Red Cloud blockierte in den Jahren 1864-66 den Bozeman-Trail, den Zugang zu den Goldfeldern in Montana. Über 700 weiße Soldaten, Siedler und Goldsucher fielen dem Kleinkrieg der Sioux zum Opfer. Die amerikanische Regierung sah sich gezwungen, Frieden zu schließen. Im Vertrag von Fort Laramie von 1868 wurde den Indianern unter anderem zugesichert, daß die heiligen »Black Hills« ihr Eigentum bleiben würden.

Wenige Wochen später verbreitete der ebenso populäre wie skrupellose General Custer das Gerücht, daß es in den Black Hills riesige Mengen an Gold gebe. Scharen von Abenteurern drängten nun in die heiligen Gebiete der Indianer – und 1874 wurde General Custer mit deren Schutz beauftragt. Für die Sioux war dies das Zeichen zum Aufstand. Am 25. Juni 1876 wurde Custers Abteilung am »Little Big Horn« vernichtet.

Von nun an wurden die Sioux und ihre Verbündeten von den militärisch weit überlegenen Weißen gnadenlos gejagt und in zahlreichen Einzelgefechten entweder zur Kapitulation gezwungen oder aufgerieben. Der große Krieg endete erst am 29. Dezember 1890 mit dem berüchtigten Massaker am Wounded Knee, wo über 200 meist unbewaffnete Indianer von US-Kavallerie mit Maschinengewehren niedergemetzelt wurden.

Die Objekte auf dem Foto erinnern an diese Zeit: Damals wurden noch »War Clubs«, Kriegskeulen, benützt. Bei rituellen Anlässen schmückten sich die Männer mit einem Kopfschmuck aus den Rückenhaaren der Hirsche, die Frauen trugen Tanzleggins mit Glöckchen.

*Baked Sweet Potatoes and Nut Sauce from the Creek*

# GEBACKENE SÜSSKARTOFFELN MIT NUSSAUCE DER CREEK

**Für 4 Personen**

| |
|---|
| **4 Yams oder Süßkartoffeln** |
| **2 EL Walnußöl** |
| **100 g Pecannüsse** |
| **40 g Butter** |
| **2 EL Ahornsirup** |
| **Salz** |
| **1/2 TL Cayennepfeffer** |

1 Den Backofen auf 200 °C vorheizen. Die Süßkartoffeln waschen, abtrocknen und mit dem Walnußöl bepinseln.

2 Die Süßkartoffeln auf den Rost über der Fettpfanne legen und im heißen Ofen je nach Größe 40 bis 50 Minuten backen. Gegen Ende der Garzeit mit einem Holzstäbchen prüfen, ob sie gar sind.

3 Inzwischen die Pecannüsse mahlen und mit der Butter, dem Ahornsirup, Salz und Pfeffer mischen.

4 Die fertig gebackenen Süßkartoffeln der Länge nach aufschneiden und mit je l Eßlöffel der Nußmischung servieren.

### Kartoffelvielfalt

*Als die Europäer Amerika »entdeckten«, soll es dort an die 1400 Arten von Kartoffeln gegeben haben. Leider findet man heute nur mehr drei bis vier Sorten davon in den amerikanischen Supermärkten.*

*Die Süßkartoffel hat sich in Europa nie richtig durchgesetzt. Sie ist auch heute noch nicht überall erhältlich, obwohl sie es war, die Kolumbus zuerst aus der Neuen Welt nach Spanien mitbrachte.*

*Mohawk Indian Corn with Walnuts*

# MAIS MIT WALNÜSSEN DER MOHAWK

**Als Beilage für 4 Personen**

**1 Zwiebel**
**3 EL Walnußöl**
**1 Dose Maiskörner (300 g)**
**Salz**
**$1/_2$ TL Cayennepfeffer**
**100 g Walnüsse**
**2 Zweige Rosmarin**

**1** Die Zwiebel schälen und fein würfeln. Das Walnußöl in einem Topf erhitzen und die Zwiebel bei mittlerer Temperatur glasig dünsten. Den Mais zugeben und mit Salz und Cayennepfeffer würzen.
**2** Walnüsse in einer Pfanne ohne Fettzugabe rösten und unter den Mais heben.
**3** Die Rosmarinzweige waschen und trockenschütteln. Von einem Zweig die Nadeln abzupfen und unter den Mais mischen. Mit dem anderen das Gericht garnieren.

**Tip:**
Die Indianer bauen verschiedene Arten von Mais an, auch farbige Sorten, die es in Europa noch nicht gibt. Deshalb empfehle ich in diesem Fall, Konserven zu verwenden, die Sie das ganze Jahr über in jedem Supermarkt erhalten.

### Schwindelfrei
*Die Mohawk gehören zur Liga der sechs Nationen der Irokesen. Heute leben sie im US-Staat New York nahe der kanadischen Grenze. Da sie vollkommen schwindelfrei sind, arbeiten viele von ihnen im Baugewerbe, häufig auf Wolkenkratzern.*

## Skillet Squash from the Narraganset
# ZUCCHINIPFANNE DER NARRAGANSET

Würfel schneiden. Die Zucchiniwürfel zur Zwiebel geben, salzen und das Ganze unter Rühren braten, bis die Zucchiniwürfel weich, aber noch bißfest sind. Zuletzt den Käse unterziehen und das Gericht heiß servieren.

## Leeks and Sweet Potatoes from the Navajo
# LAUCH MIT SÜSSKARTOFFELN DER NAVAJO

**Als Beilage für 4 Personen**

| | |
|---|---|
| 1 Zwiebel | |
| 1 Knoblauchzehe | |
| 1 grüne Paprikaschote | |
| 1 grüne Chili | |
| 3 EL Maisöl | |
| 500 g gelbe Zucchini | |
| Salz | |
| 50 g Longhorn cheese oder Pecorino (ital. Schafskäse) | |

**1** Die Zwiebel und den Knoblauch schälen und fein hacken. Die Paprikaschote und die Chili waschen, halbieren und entkernen. Den Stielansatz herausschneiden. Paprika und Chili in feine Würfel schneiden. Den Käse reiben.
**2** In einem Topf das Öl erhitzen und die Zwiebel und den Knoblauch darin bei mittlerer Temperatur glasig dünsten.
**3** Inzwischen die Zucchini waschen und in nicht zu kleine

**Als Beilage für 4 Personen**

| | |
|---|---|
| 500 g Lauch | |
| 500 g Yams oder Süßkartoffeln | |
| 3 EL Maisöl | |
| Salz | |
| 1 TL Cayennepfeffer | |
| 1 EL Ahornsirup | |

**1** Den Lauch putzen und waschen. Die Süßkartoffeln schälen und waschen. Beides in Scheiben schneiden.
**2** Das Öl in einem Topf erhitzen, den Lauch hineingeben und einige Minuten bei mittlerer Hitze dünsten. Süßkartoffeln, Salz, Cayennepfeffer und Ahornsirup dazugeben und zugedeckt etwa 15 Minuten garen.

### Indianische Wurzeln
*Kolumbus hat nur die Süßkartoffel nach Europa gebracht. Die Kartoffel wurde später von den spanischen Eroberern von Peru nach Mexiko und von dort nach Nordamerika und anschließend nach Europa importiert.*
*Den heute in den USA so beliebten Ahornsirup und -zucker stellten viele Stämme im Nordosten der Vereinigten Staaten her, indem sie Ahornsaft in Rindengefäßen langsam einkochen ließen. Die Rindengefäße wurden später durch Eisenkessel ersetzt, die europäische Händler mitbrachten.*

# ERNTEAUFLAUF DER PAWNEE

**Für 4 Personen**

| |
|---|
| 1 Zwiebel |
| 1 Knoblauchzehe |
| 1 rote Paprikaschote |
| 1 Chili |
| 250 g Tomaten |
| 500 g grüne und gelbe Zucchini |
| 100 g Longhorn cheese oder Pecorino (ital. Schafskäse) |
| 4 EL Maisöl |
| 1 TL Oregano |
| 1 Dose Maiskörner (300 g) |
| Salz |

**1** Die Zwiebel und die Knoblauchzehe schälen und fein hacken. Die Chili- und die Paprikaschote waschen, halbieren, den Stielansatz ausschneiden und entkernen. Die Paprikaschote in Würfel, die Chili in feine Streifen schneiden.

**2** Die Tomaten in kochendes Wasser legen, 5 Minuten ziehen lassen, abkühlen und häuten. Die Zucchini waschen und in Würfel schneiden. Den Käse reiben.

**3** In einer ofenfesten Pfanne das Öl mit dem Oregano erhitzen und die Zwiebel und den Knoblauch darin glasig dünsten. Paprika und Chili dazugeben und unter Rühren einige Minuten mitbraten. Zuletzt die Zucchiniwürfel und die Maiskörner dazugeben. Das Ganze salzen und

weitergaren, bis die Zucchini weich, aber noch bißfest sind.
**4** Den Auflauf mit dem Käse bestreuen und unter dem Grill oder im Backofen überbacken, bis der Käse goldgelb ist.

### Kind des Windes

*In einer Legende der Pawnee schwängerte der Nordwind ein junges Mädchen, heiratete es aber nicht. Der Stamm vertrieb daraufhin das Mädchen und seine Familie. Eines Tages, während eines starken Nordwindes, brachte das Mädchen einen Jungen zur Welt, der besonders schnell wuchs. Im Herbst kam der Nordwind zu der jungen Mutter und seinem Sohn, gab ihnen Vorräte für den Winter und versprach, im Frühling wiederzukommen und sie die Landwirtschaft zu lehren. Er hielt sich an sein Versprechen und gab dem Mädchen weißen Mais für sich, gelben Mais für ihre Mutter, roten Mais für die Schwester und schwarzen Mais für ihre Großmutter. Als der Stamm unter einer Hungersnot litt, kam er zu dem einst verstoßenen Mädchen und bat es um Nahrung. Dieses zeigte sich großzügig, vergaß die einstige Schmach und lehrte die Frauen, Mais anzubauen.*

### Bester Pfeffer

*An die 300 verschiedene Arten von Paprika- und Chilischoten soll es zu Kolumbus' Zeiten bei den Indianern gegeben haben. Als der Entdecker auf einer Insel in der Karibik gelandet war, beobachtete er, daß die Indianer ihre Speisen mit gemahlenen Chilis würzten, und er nahm an, er hätte eine neue Art von Pfeffer entdeckt. »Ihr Pfeffer ist von besserer Qualität als der unsere, und niemand ißt ein Gericht, ohne es damit zu würzen, was sehr gesundheitsfördernd ist«, schrieb er. »Auf dieser Insel allein könnte ich 50 Karavellen im Jahr damit beladen.«*

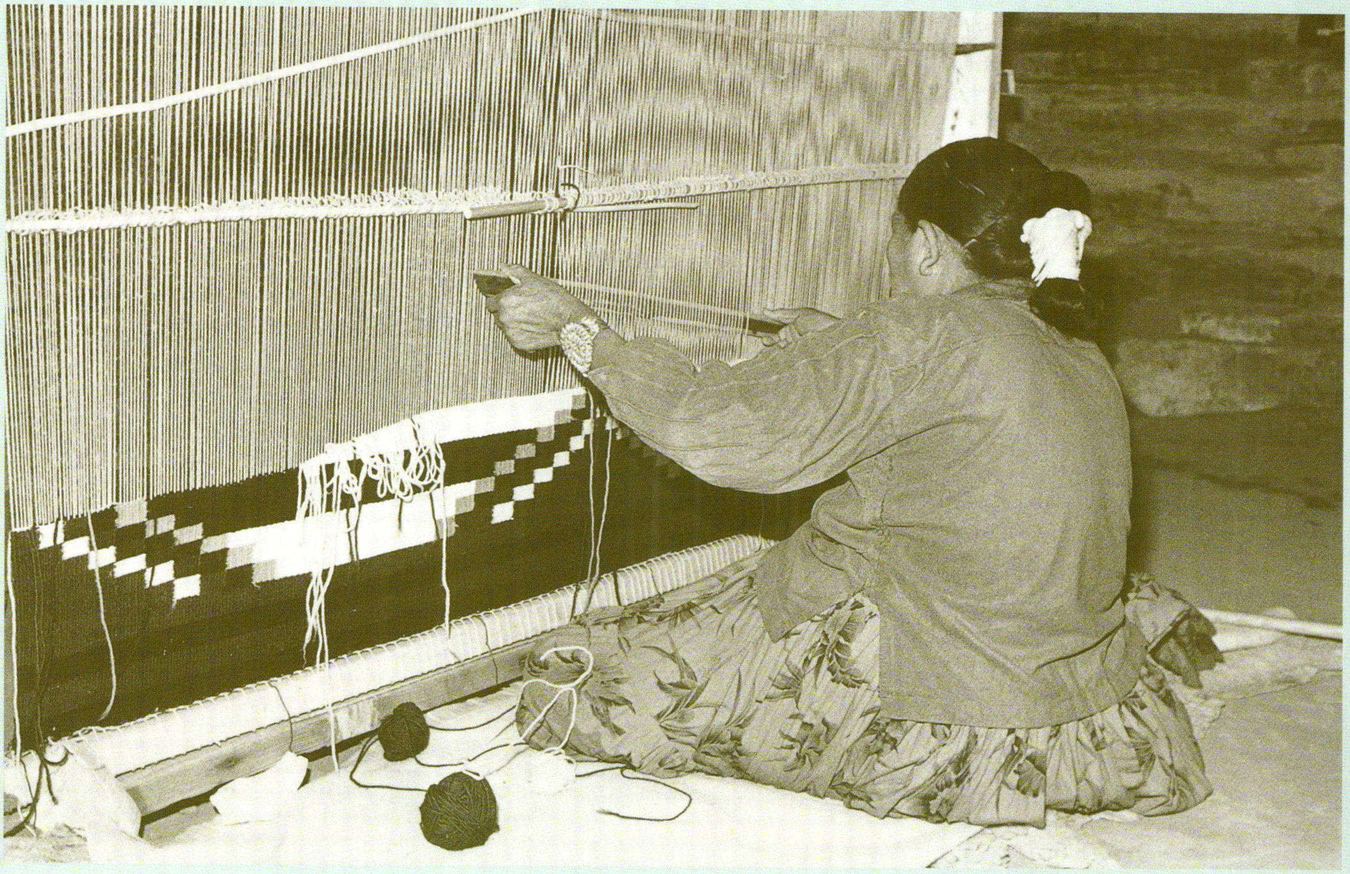

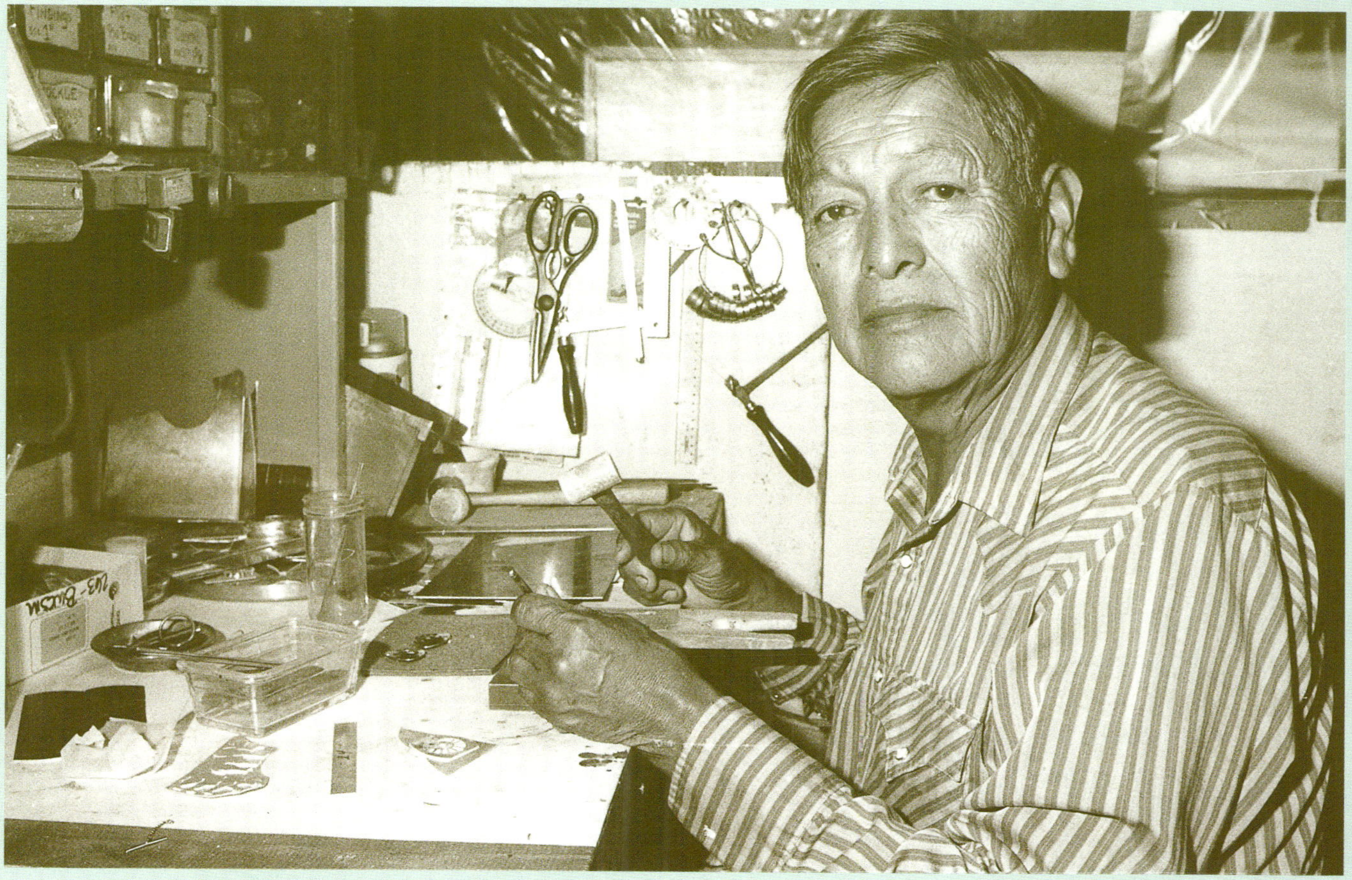

*Mesa Squash Fry with Sunflower Seeds*

# ZUCCHINIGEMÜSE VON MESA VERDE

**Als Beilage für 4 Personen**

2 Knoblauchzehen
1 rote Paprikaschote
2 Zucchini
3 EL Maisöl
Salz
1 TL Cayennepfeffer
1 Dose Maiskörner (300 g)
1 EL Sonnenblumenkerne, geschält und geröstet

1 Die Knoblauchzehen schälen und fein hacken. Die Paprikaschote waschen, halbieren, entkernen, den Stielansatz ausschneiden und das Fruchtfleisch in Würfel schneiden.

2 Die Zucchini waschen und ebenfalls in Würfel schneiden.

3 Das Öl in einem Topf erhitzen und die Knoblauchzehen darin bei mittlerer Hitze glasig dünsten. Die Paprikawürfel dazugeben und einige Minuten unter Rühren braten. Dann die Zucchiniwürfel mit dem Salz und dem Cayennepfeffer zum Gemüse geben und das Ganze weitergaren, bis die Zucchini weich, aber noch bißfest sind.

4 Den Mais abtropfen lassen und mit den Sonnenblumenkernen unter das Gemüse mischen.

**Kostbare Samen**

*Das Samenkorn ist für die Indianer so wichtig, daß dafür eigens ein »Seed jar«, ein Samenkornbehälter, angefertigt wird. Dessen Öffnung ist so winzig, daß weder ein Vogel noch eine Maus sich etwas von dem Wintervorrat stibitzen kann.*
*Eine der derzeit besten Töpferinnen ist Rachel Concho aus dem Pueblo Acoma. Von einer nur ihr bekannten Stelle holt sie weiße Tonerde und formt sie zu diesen Seed jars. Bemalt werden sie mit Hilfe einer gekauten Yuccafaser und Naturfarben. Die Farbe Schwarz symbolisiert den Vater Himmel, Ockergelb die Sonne und Weiß die Mutter Erde. Auch die Figuren haben symbolische Bedeutung: Der Fisch, der Truthahn und das Kaninchen stellen den Reichtum an Nahrung dar. Die Schildkröte ist ein Symbol für ein langes Leben, und die Quail, die Wachtel, bewacht die Felder, indem sie die Insekten vertilgt. Der Lizard, die Eidechse, ist das älteste Symbol für Glück. Man fand sie auf über tausend Jahre alten Grabbeigaben.*

*Cheyenne Stew*

# EINTOPF DER CHEYENNE

**Für 6 bis 8 Personen**

**200 g getrocknete Kichererbsen**

**200 g getrocknete schwarze Bohnen**

**100 g Wildreis**

**Salz**

**1 TL Cayennepfeffer**

**2 Frühlingszwiebeln**

**1** Kichererbsen und Bohnen getrennt über Nacht in reichlich Wasser einweichen.

**2** Die Kichererbsen abgießen und mit frischem Wasser in einem großen Topf bei mittlerer Hitze etwa 15 Minuten kochen. Dann die Bohnen abgießen, zu den Kichererbsen geben und das Ganze weitere 15 Minuten kochen lassen.

**3** Den Wildreis zusammen mit Salz und Cayennepfeffer dazugeben und das Gericht nochmals etwa 20 Minuten auf kleiner Hitze köcheln lassen. Inzwischen die Frühlingszwiebel waschen und in feine Ringe schneiden. Den Eintopf mit den Frühlingszwiebeln garnieren.

**Volk mit anderer Zunge**

*Die Cheyenne lebten zunächst in Südminnesota, dem Land der Chippewa und Dakota, die sie »das Volk, das mit anderer Zunge spricht« nannten. Ende des 17. Jahrhunderts ließen sie sich am Missouri River nieder und bauten Mais, Bohnen und Kürbisse an. Den Wildreis bekamen sie im Tausch von den Ojibwa, die ihn in den Uferregionen der Großen Seen anpflanzten. Der große Büffelreichtum änderte jedoch die Lebensgewohnheiten der Cheyenne erneut, sie wurden wieder Nomaden der Prärien.*

*Pueblo Carrot Hash*

# GERASPELTE KAROTTEN AUS DEN PUEBLOS

**Als Beilage für 4 Personen**

| |
|---|
| **500 g Karotten** |
| **1 unbehandelte Orange** |
| **20 g Butter** |
| **1 EL brauner Zucker** |
| **1 Prise Salz** |

**1** Die Karotten schälen und auf einer groben Reibe raspeln. Die Orange gut waschen, mit einem Sparschäler dünne Streifen aus der Schale schneiden und den Saft auspressen.

**2** Die Butter in einem Topf bei mäßiger Hitze schmelzen. Die geraspelten Karotten in die schäumende Butter geben. Zucker und Salz zufügen, alles mit dem Orangensaft ablöschen und einige Minuten offen dünsten.

**Tip:**

Dieses Gericht gibt es überall in den Pueblos im Südwesten der USA. Es wurde mit Orangensaft verfeinert, nachdem die Spanier die Zitrusfrüchte in Kalifornien und Florida eingeführt hatten.

### Brautgeschenke

*Die kleine Silberglocke auf dem Foto ist die »Mother-in-law bell«, ein Geschenk des Schwiegersohnes an die Schwiegermutter, die diese an ihren Kleidern befestigen muß. Indianer können sich bekanntlich lautlos anschleichen, aber niemand möchte gerne überrascht werden, und schon gar nicht ein junges, verliebtes Paar. Das Klingeln der Glocke verrät das Nahen der Mutter, und die Liebenden können sich ein neues Versteck suchen. Die »Bolo tie«, die indianische Krawatte und Symbol der Männlichkeit, ist ein Geschenk des Schwiegervaters an den Bräutigam. Je wohlhabender er ist, desto exklusiver fällt das Geschenk aus. Heute ist sie ein »Muß« für jeden Sammler, Cowboy oder Touristen im Südwesten der USA.*

# BROT

# SONNENBLUMENFLADEN DER YAVAPAI

| |
|---|
| **20 g frische Hefe** |
| **¹/₂ TL Zucker** |
| **3 EL Milch** |
| **150 g Sonnenblumenkerne, geschält und gemahlen** |
| **50 g Sonnenblumenkerne, geschält und ganz** |
| **180 g Mehl** |
| **2 Eier** |
| **1 TL Salz** |
| **3 EL Honig** |
| **20 g Butter** |

**1** Die Hefe und den Zucker in eine kleine Schüssel geben und mit einer Gabel zerdrücken. Die Milch anwärmen und darübergießen, das Ganze gut verrühren und etwa 5 Minuten zugedeckt stehen lassen, bis die Hefe Blasen wirft.

**2** Die Hefe zusammen mit den übrigen Zutaten in eine große Rührschüssel geben und mit dem Knethaken des elektrischen Handrührgeräts oder den Händen zu einem festen Teig verarbeiten. Den Teig an einem warmen Ort etwa 2 Stunden gehen lassen. Kurz vor Ende der Gehzeit den Backofen auf 200 °C vorheizen.

**3** Den Teig in eine gefettete runde Form von etwa 20 cm Durchmesser geben und das Brot im Backofen etwa 35 Minuten backen.

**Volk der Sonne**

*»Yavapai« bedeutet »Volk der Sonne«, und so ist es sonnenklar, daß es die Yavapai sind, die diesen Sonnenblumenfladen zubereiten.*

*In einer Legende der Yavapai hatte die Sonne einen ihr unbekannten Liebhaber, der sie alle vier Wochen in einer mondfinsteren Nacht besuchte und vor Tagesanbruch wieder verschwand. Doch die Sonne wollte wissen, wer ihr Verehrer ist. So schwärzte sie in der nächsten Liebesnacht ihre Finger in den verglühten Kohlen des Feuers und bemalte damit sein Gesicht. Am nächsten Morgen sah sie, daß es ihr Bruder war, der Mond. Dieser schämte sich sehr, besuchte die Sonne nie wieder und blieb ihr fortan so fern wie möglich.*

*Wild Strawberry Bread and Chestnut Bread from the Abnaki*

# ERDBEER- UND KASTANIENBROT DER ABNAKI

**Für das Erdbeerbrot:**

| |
|---|
| 50 g Butter |
| 2 EL Honig |
| 80 g Haselnüsse, gemahlen |
| 150 g Weizenmehl |
| 150 g Maismehl |
| 2 TL Backpulver |
| 1 TL Salz |
| 100 g Walderdbeeren |

**1** In einem Topf $^1/_8$ l Wasser erhitzen und die Butter, den Honig und die Haselnüsse dazugeben. Unter Rühren weiter erhitzen, bis die Butter und der Honig geschmolzen sind. Den Backofen auf 200 °C vorheizen.

**2** Das Weizen- und das Maismehl mit dem Backpulver in eine Rührschüssel sieben. Das Salz untermischen, die Butter-Nußmischung dazugeben und alles zu einem festen Teig verkneten.

**3** Die Walderdbeeren waschen, abzupfen und vorsichtig unter den Teig heben. Diesen zu einem Laib formen, auf ein mit Backpapier ausgelegtes Backblech legen und im Ofen etwa 35 Minuten backen.

**Für das Kastanienbrot:**

| |
|---|
| 150 g Weizenmehl |
| 150 g Maismehl |
| 2 TL Backpulver |
| 1 TL Salz |
| 6 EL Walnußöl |
| 1 Dose Maronen (Eßkastanien, ca. 300 g Einwaage) |

**1** Das Weizenmehl, das Maismehl und das Backpulver in eine Rührschüssel sieben. Das Salz und $^1/_8$ l Wasser sowie das Walnußöl dazugeben und das Ganze mit den Knethaken des elektrischen Handrührgeräts oder den Händen zu einem festen Teig verarbeiten. Den Backofen auf 200 °C vorheizen.

**2** Die Maronen abgießen und gut abtropfen lassen. Die Maronen unter den Teig geben und diesen zu einem Laib formen. Diesen auf ein mit Backpapier ausgelegtes Backblech geben und im Ofen etwa 35 Minuten backen.

### Erdbeerfest

*Die Erdbeeren werden von den Indianern auf vielfältige Weise verarbeitet. Das Verbacken der Beeren zu Brot ist eine sehr traditionelle Zubereitungsart. Als Ausdruck der Freude über die kleinen wilden Erdbeeren, die den nahenden Frühling ankündigten, wurde das Erdbeerfest gefeiert.*

*Navajo Fry Bread and Wild Current Preserve*

# FRITIERTE BRÖTCHEN DER NAVAJO UND JOHANNISBEERMARMELADE

**Für 12 Stück**

**Für die Brötchen:**

| |
|---|
| 3 EL Milch |
| 10 g Hefe |
| $^1/_2$ TL Zucker |
| 200 g Mehl |
| 1 TL Salz |
| $^1/_2$ l Maisöl zum Fritieren |

**1** Die Milch anwärmen. Die Hefe mit dem Zucker verkneten und die Milch unterrühren. Das Ganze zugedeckt an einem warmen Ort 15 Minuten gehen lassen, bis die Hefe Blasen wirft.
**2** Das Mehl in eine Rührschüssel sieben und das Salz untermischen. 3 Eßlöffel Wasser sowie den Hefeansatz dazugeben und alles mit den Knethaken des elektrischen Handrührgeräts oder den Händen zu einem glatten Teig verarbeiten. Den Teig mit etwas Maisöl bepinseln und zugedeckt an einem warmen Ort etwa 2 Stunden gehen lassen.
**3** Den Teig in 12 Portionen teilen und zu Kugeln formen. Die Teigkugeln flachdrücken, mit dem Nudelholz ausrollen und in die Mitte mit dem Finger ein Loch stechen. Das übrige Öl erhitzen und die Brötchen darin goldgelb fritieren. Mit einem Schaumlöffel herausnehmen und auf Küchenkrepp abtropfen lassen.

**Für die Johannisbeermarmelade:**

| |
|---|
| 250 g rote oder schwarze Johannisbeeren |
| 150 g Honig |

**1** Die Johannisbeeren waschen und mit einer Gabel von den Stielen zupfen. Die Beeren mit dem Honig und $^1/_8$ l Wasser in einen Topf geben, aufkochen und bei schwacher Hitze etwa 20 Minuten köcheln lassen.
**2** Die Marmelade heiß in saubere, trockene Gläser füllen und abkühlen lassen.

**Tip:**
Diese Marmelade wird im Kühlschrank fest, bleibt jedoch bei Raumtemperatur streichfähig.

### Navajomythen
*Nach der Mythologie der Navajo gab es im Innern der Erde vier Schichten, aus denen das Leben hervorkam. In der vierten Schicht waren die Samenkörner. Der Truthahn brachte sie unter seinen Flügeln ans Licht der Welt. Aus Angst, die Samen zu verlieren, breitete er seine Flügel nicht aus, und dies ist der Grund dafür, daß der Truthahn nicht flegen kann.*

*Rachel Concho, eine der besten Töp-
ferinnen aus dem Acoma-Pueblo-
Reservat in Neu-Mexico*

**E**in Merkmal unterscheidet die Kultur der Indianer von allen vergangenen und gegenwärtigen Kulturen: die Kunst. Im Grunde gibt es keine indianische Kunst, denn die Indianer fertigen nichts allein der Schönheit wegen. Die Gegenstände, die sie herstellen, sind nützlich und zweckbestimmt: Pfeile, Bogen, Zelte, Kleider oder Behälter für Nahrungsmittel. So gibt es in den Sprachen der Indianer auch kein Wort für Kunst.

Ein weiterer Punkt, in dem sich die Kunst der Indianer von der anderer Kulturen unterscheidet, ist ihre Beständigkeit. Auch wenn sie sich durch andere Materialien ausdrückt und neue Realitäten interpretiert, beibt sie sich treu – oder dem Ideal der Schönheit des Objekts.

Diese Kunst wurde zunächst nur von wenigen Menschen gesammelt oder verstaubte in den Kellern von Museen – Reste einer Kultur, die man für ausgestorben hielt. Heute allerdings gibt es in den USA eine halbe Million private Sammler und mehr als 500 Museen, die sich mit indianischer Kunst befassen. Und auch die Sammlungen in Europa hat das ungeheure Interesse angeregt, ihre vergessenen Kisten und Koffer zu öffnen und deren Inhalt dem Publikum zu zeigen. Seit zwanzig Jahren gibt es in

# KÜNSTLER

den Auktionshäuser Sotheby's und Christie's zweimal im Jahr Versteigerungen indianischer Kunst, und Gegenstände, die vor zehn Jahren für einen Apfel und ein Ei erworben wurden, erzielen heute astronomische Preise. Als Beispiel sei eine Maske der Nootka aus Kanada genannt. l980 verkaufte das Völkerkundemuseum in Dresden eine knapp 200 Jahre alte Maske, die der englische Captain Cook aus der Neuen Welt mitgebracht hatte, für ein paar Tausend Mark. 1997 wurde sie bei einer Auktion für 150 000 bis 200 000,-- Mark angeboten und schließlich für mehr als 1 Million Mark ersteigert.

Aber auch die Kunstwerke noch lebender Künstler erzielen sehr hohe Preise. So fand 1999 eine Vase aus schwarzer Tonerde der Künstlerin Nancy Youngblood-Lugo für knapp 50 000 Mark einen Käufer.

Vor der Ankunft der Weißen gab es über siebzig Millionen Indianer in Nordamerika. Heute leben nur noch knapp eineinhalb Millionen in den Reservaten. Aber die Kunst der indianischen Völker lebt weiter in Teppichen, Keramik, Silberschmuck, Sandzeichnungen, Kachina dolls , Körben und Masken, in den Tänzen, der Mythologie, der Religion und der Musik.

*Sonny Spruce, Silberschmied aus dem Taos Pueblo, in seinem Studio (1999)*

*Carrot Bread from Sandia Pueblo*

# KAROTTENBROT AUS DEM PUEBLO SANDIA

| |
|---|
| **350 g Karotten** |
| **3 Eier** |
| **150 g Weizenmehl** |
| **150 g Maismehl** |
| **2 TL Backpulver** |
| **70 g weiche Butter** |
| **3 EL Honig** |
| **50 g Rosinen** |
| **1 EL Semmelbrösel** |

**1** Die Karotten schälen, waschen und grob raspeln. Die Eier in eine Rührschüssel geben und das Weizenmehl, das Maismehl und das Backpulver darüber sieben. 60 g weiche Butter und den Honig dazugeben und alles mit den Knethaken des Rührgeräts oder mit den Händen zu einem glatten Teig verarbeiten.

**2** Den Backofen auf 200 °C vorheizen. Die geraspelten Karotten und die Rosinen unter den Teig kneten.

**3** Eine Kastenform mit der restlichen Butter ausfetten und mit den Semmelbröseln ausstreuen. Dann die Form umdrehen und abklopfen, um die überschüssigen Semmelbrösel zu entfernen. Zuletzt den Teig einfüllen und im Ofen 40 bis 45 Minuten backen.

## Maisverarbeitung

*Mais war bei vielen Indianerstämmen eines der wichtigsten Nahrungsmittel. Zu Maismehl wurde er verarbeitet, indem die Körner vom Kolben abgestreift und dann mit Holzasche gekocht wurden, bis sie zu einem Brei, dem sogenannten »Hominy«, gequollen waren. Der Brei wurde dann getrocknet und in Holzmörsern zu Schrot zerkleinert, aus dem das Brot gebacken wurde. Oder es wurden aus dem Hominy, Fleisch und Gemüse nahrhafte Eintöpfe bereitet. Andere Stämme dörrten den Mais in Ton-, später in Metalltöpfen über dem Feuer und zerrieben ihn dann im Mörser zu Mehl.*

# KÜRBISBROT MIT PINIENKERNEN AUS DEM PUEBLO ACOMA

| | |
|---|---|
| 800 g Kürbis | |
| 250 g Mehl | |
| 2 TL Backpulver | |
| 1 Prise Salz | |
| 110 g Butter | |
| 2 Eier | |
| 130 g brauner Zucker | |
| 1 TL Zimt | |
| 1/2 Muskatnuß | |
| 100 g Pinienkerne | |
| 1 EL Semmelbrösel | |

**1** Den Kürbis halbieren, Kerne und Schale entfernen. Das Fruchtfleisch in Stücke schneiden, im Mixer pürieren. Den Backofen auf 200 °C vorheizen.

**2** Das Mehl mit dem Backpulver mischen, in eine Rührschüssel sieben und mit dem Salz mischen. 100 g Butter, die Eier, den Zucker, das Kürbispüree und den Zimt zum Mehl geben und die Muskatnuß darüberreiben. Alles mit den Knethaken des elektrischen Handrührgeräts oder mit den Händen zu einem glatten Teig verarbeiten. Zuletzt die Pinienkerne unter den Teig kneten.

**3** Eine Kastenform mit der restlichen Butter ausfetten und mit den Semmelbröseln ausstreuen. Anschließend die Form umdrehen und abklopfen, um überschüssige Semmelbrösel zu entfernen. Den Teig in die Kastenform füllen und im Ofen etwa 45 Minuten backen.

### Sky city

*Acoma kommt von »Ako-me«, was soviel bedeutet wie »die Menschen, die im Himmel leben«. Heute wird das Pueblo auch »Sky city« genannt, »Stadt im Himmel«. Die Einwohner von Acoma leben noch heute ohne elektrisches Licht und fließendes Wasser, abgesehen von einer Zisterne, in der sie das spärliche Regenwasser sammeln. Das Pueblo ist berühmt für seine schwarz-weiße Keramik. Die Frauen holen die weiße Tonerde von einer geheimen Stelle, formen sie zu Vasen und Samenbehältern und bemalen diese mit einer Yuccafaser – ohne andere Hilfsmittel! – mit geometrischen Formen.*

# BROT UND KAKTUSGELEE DER PAPAGO

**Für 4 Brote und ca. 500 g Gelee**

**Für das Brot:**

| |
|---|
| 300 g Weizenmehl |
| 1 TL Backpulver |
| Salz |
| 7 EL Maisöl |

**1** Das Mehl mit dem Backpulver in eine Rührschüssel sieben und mit dem Salz vermischen. 3 Eßlöffel Öl und $^1/_8$ l Wasser zugeben und mit den Knethaken des elektrischen Handrührgeräts oder mit den Händen zu einem glatten Teig verarbeiten.
**2** Den Teig in 4 Portionen aufteilen und zu Kugeln formen. Die Teigkugeln auf die Größe der Pfanne ausrollen, in der sie gebraten werden sollen.

**3** Pro Brotfladen 1 Eßlöffel Öl in einer Pfanne erhitzen und die Fladen von beiden Seiten braten.

### Natürliches Treibmittel

*Dieses Brot wird mit Fett in einer Pfanne gebraten – im Gegensatz zu Tortillas, die ohne Fettzugabe auf heißen Steinen bzw. in einer Eisen- oder Teflonpfanne gebacken werden. In früheren Zeiten nahmen die Frauen immer ein wenig von dem Teig in den Mund, kauten ihn und spuckten ihn dann wieder in die Schüssel. Dieser Teig, mit dem Speichel vermischt, wirkte als natürliches Treibmittel. Heute benützen aber auch die Indianerfrauen zumeist Backpulver.*

**Für das Kaktusgelee:**

| |
|---|
| 4 Kaktusfeigen |
| Saft von 1 Zitrone |
| 300 g Gelierzucker |

**1** Die ganzen Kaktusfeigen etwa 5 Minuten in Wasser kochen, herausnehmen, abkühlen lassen und die Haut abziehen. Das Fruchtfleisch im Mixer pürieren und durch ein Sieb streichen. Dabei sollten Sie etwa 250 g Saft erhalten.
**2** Den Saft mit dem Zitronensaft und dem Gelierzucker in einem Topf ohne Deckel 2 Minuten sprudelnd kochen lassen und

dann in ein sauberes, trockenes Glas einfüllen und sofort mit Einmachcellophan verschließen.

### Tip:

Bei den Kaktusfeigen, die man in Europa zu kaufen bekommt, sind die Dornen zumeist entfernt. Wenn nicht, kann man sie nur mit einer Zange anfassen und mit feuchtem Küchenkrepp abwischen. Sicherheitshalber vielleicht auch noch unter fließendem Wasser abbürsten.

### Ein exotischer Brotaufstrich

*Der Name »Papago« leitet sich ab von »pahpah«, Bohnen, und »O'otam«, Volk. Die Papago werden also »Bohnenvolk« genannt. Sie selbst bezeichnen sich, nach ihrem Lebensraum, als »Volk der Wüste« (»Tono-O'otam«). Die Papago sind vor allem Jäger und Sammler. Wichtig, da sehr genügsam, sind für sie die vielen Kaktusarten, die ein fester Bestandteil ihrer Nahrung wie auch des rituellen Lebens sind.*
*Die stacheligen Früchte des Saguaro-Kaktus lieferten ihnen Fruchtfleisch, das sie kochen und dann durch feingeflochtene Körbe streichen. Der auf diese Weise erhaltene Saft wird zu Sirup eingekocht, das im Korb zurückgebliebene Fruchtfleisch ergibt eine süße Marmelade.*

# SÜSS-SPEISEN

# SCHILDKRÖTEN DER MALISEET

### Ergibt 12 Stück

24 Maiskolbenblätter
200 g feines Maismehl
1 TL Backpulver
1 Prise Salz
70 g brauner Zucker
100 g Butter
1 Ei
100 g Pinienkerne
70 g Rosinen

**1** Die Maiskolbenblätter in warmem Wasser einweichen. Für den Teig das Maismehl und das Backpulver in eine Rührschüssel sieben. Das Salz, 50 g Zucker,

75 g Butter in Flöckchen und das Ei zugeben und alles mit den Knethaken des Rührgeräts oder mit den Händen zu einem glatten Teig verarbeiten.
**2** Für die Füllung die Pinienkerne in einer Pfanne ohne Fettzugabe rösten und mit der restlichen Butter, den Rosinen und dem übrigen Zucker vermengen.
**3** Jeweils ein Maiskolbenblatt mit l Eßlöffel Teig belegen und l Eßlöffel Füllung darübergeben. Das Ganze fest zusammendrücken und das Maisblatt schließen. Ein zweites Maisblatt darum herumwickeln und wie ein Päckchen mit Küchengarn zubinden.
**4** Einen Topf mit Dämpfeinsatz mit etwas Wasser füllen. Die Tortugas senkrecht in den Dämpfeinsatz stellen (wer keinen Dämpfeinsatz hat, stellt die Päckchen ohne Wasserzugabe in den Topf), mit einem nassen Küchentuch bedecken und bei schwacher Hitze etwa 45 Minuten dämpfen.

### Tortugas

»Tortugas«, Schildkröten, nannten die Spanier diesen köstlichen Nachtisch, der außen fest ist und innen weich.

### Die Liebe der Bohnenfrau

*In der Mythologie der Seneca im Nordosten der USA gibt es eine Legende, die erklärt, warum Mais und Bohnen zusammengehören: Die Bohnenfrau steht an einem Fluß und singt ein Liebeslied in der Hoffnung, daß ein Mann sie heiraten möge. Der erste, der sich ihr nähert, ist der Panther. Auf die Frage, womit er sie ernähren werde, antwortet er: »Mit rohem Fleisch.« Dankend lehnt sie ab, denn der Verzehr von rohem Fleisch würde sie töten.*
*Als nächstes erscheint ein Hirsch und verspricht, sie mit den zarten Trieben der Bäume zu verwöhnen. Wiederum sagt sie nein, denn sie ist nicht an diese Art der Nahrung gewöhnt. Dann kommt der Bär und bietet ihr Nüsse an, aber sie winkt wieder ab. Auch der Wolf bietet ihr die Ehe an, in der sie eine Diät aus Fleisch und Wild erwarten würde, aber die Bohnenfrau will sich nicht von gestohlenem Fleisch ernähren.*
*Endlich hält der Mais um ihre Hand an und verspricht ihr, sie stets mit süßem Mais zu verwöhnen. Hocherfreut vermählt sich die Bohnenfrau mit ihm, und seit dieser Zeit rankt sich die Bohne um den Maisstengel.*

*Feast Days Pinon Tart from the Hopi*

# FESTTAGSTORTE MIT PINIENKERNEN DER HOPI

**Für 12 Stücke**

6 Eier
100 g Blockschokolade
110 g Butter
1 Vanilleschote
100 g Zucker
2 EL Weizenmehl
100 g Pinienkerne, gemahlen
1 EL Semmelbrösel
1 EL Puderzucker
1 EL Kakao
4 ganze Pinienkerne

**1** Die Eier trennen. Das Eiweiß zu sehr festem Schnee schlagen und in das Gefrierfach stellen. Die Schokolade mit 100 g Butter im Wasserbad schmelzen. Die Vanilleschote längs aufschlitzen und das Mark mit einem kleinen Löffel herausschaben. Den Backofen auf 200 °C vorheizen.
**2** Die Eigelbe und den Zucker in einer Schüssel schaumig schlagen. Die geschmolzene Schokolade mit dem Mehl und dem Vanillemark zur Schaummasse geben und unterziehen. Den gekühlten Eischnee und die gemahlenen Pinienkerne mit einem Schneebesen ebenfalls vorsichtig unter den Teig heben.
**3** Die restliche Butter in einer Springform von 26 cm Durchmesser schmelzen und mit einem Pinsel verteilen. Die Form mit Semmelbröseln ausstreuen, umdrehen und abklopfen, um überschüssige Semmelbrösel zu entfernen. Den Teig in die Form füllen und im Ofen etwa 40 Minuten backen.
**4** Die Torte aus der Form lösen und auf einem Kuchengitter abkühlen lassen. Danach umgekehrt auf eine Platte setzen und mit dem Puderzucker bestäuben. Nach dem nebenstehenden Muster eine Schablone auf Papier zeichnen, ausschneiden und auf die Torte legen. Mit dem Kakao bestäuben, die Schablone vorsichtig abnehmen und die Pinienkerne auflegen, wie auf der Abbildung gezeigt.

### Die Sonne der Hopi
*Die strahlende Sonne ist das Symbol der Hopi, der Friedfertigen, wie sie sich selbst nennen.*

**Schablone zum Bestreuen**

# BLAUBEERKRAPFEN DER JICARILLA-APACHEN

**Für 12 Stück**

| | |
|---|---|
| **200 g Blaubeeren** | |
| **3 EL Milch** | |
| **10 g Hefe** | |
| **3 EL Zucker (reichlich)** | |
| **1 Ei** | |
| **200 g Mehl** | |
| **$^1/_2$ l Maisöl** | |

**1** Die Blaubeeren waschen und abtropfen lassen.
**2** Die Milch etwas anwärmen. Mit einer Gabel die Hefe und $^1/_2$ Teelöffel von dem Zucker in einer kleinen Schüssel verkneten, die warme Milch dazugießen, alles gut verrühren und zugedeckt 15 Minuten stehen lassen, bis die Hefe Blasen wirft.
**3** Das Ei in eine Rührschüssel aufschlagen und das Mehl darübersieben. Den restlichen Zucker und den Hefeansatz hinzufügen und das Ganze mit den Knethaken des elektrischen Rührgeräts oder mit den Händen zu einem festen Teig verarbeiten. Diesen Teig mit etwas Öl bepinseln und zugedeckt an einem warmen Ort etwa 2 Stunden gehen lassen.
**4** Aus dem Teig l2 Kugeln formen, flachdrücken und mit dem Nudelholz leicht ausrollen. l Eßlöffel Blaubeeren in die Mitte geben und gut verschließen.
**5** Das Öl in einem Topf stark erhitzen und die Blaubeerkrapfen goldgelb fritieren. Mit einem Schaumlöffel herausnehmen, auf Küchenkrepp abtropfen lassen.

# INDIANISCHE KAKAOPLÄTZCHEN

**Für etwa 18 Stück**

| | |
|---|---|
| **3 Eier** | |
| **100 g weiche Butter** | |
| **100 g Zucker** | |
| **Mark von 1 Vanilleschote** | |
| **1 Prise Salz** | |
| **150 g Mehl** | |
| **1 TL Backpulver** | |
| **30 g Kakao** | |

**1** Die Eier trennen. Das Eiweiß zu steifem Schnee schlagen und in das Gefrierfach stellen. Den Backofen auf 200 °C vorheizen.
**2** Die Butter mit dem Zucker schaumig schlagen. Nach und nach die Eidotter und das Vanillemark dazuschlagen. Das Salz, das Mehl, das Backpulver und den Kakao darübersieben und unter den Teig ziehen. Den Eischnee dazugeben und mit einem Schneebesen vorsichtig unterziehen.
**3** Eine Form von etwa l8 x 26 cm mit Backpapier auslegen, den Teig einfüllen, glattstreichen und im Ofen etwa 30 Minuten backen.
**4** Die Kuchenplatte auf ein Kuchengitter stürzen und das Backpapier abziehen. Den Kuchen auskühlen lassen und zuletzt in rautenförmige Stücke schneiden.

*Picuris Indian Breadpudding with Apricot Sauce*

# BROTPUDDING MIT APRIKOSENSAUCE VON PICURIS

**Für 6 Personen**

| |
|---|
| **30 g Butter** |
| **200 g Semmelbrösel** |
| **100 g Longhorn cheese oder ital. Pecorino (Schafskäse), gerieben** |
| **100 g brauner Zucker** |
| **1 TL Zimt** |
| **¹/₂ Muskatnuß, gerieben** |
| **300 g Aprikosen** |
| **3 EL Honig** |
| **Saft von 1 Zitrone** |

1  Eine Kastenform mit etwa 10 g Butter ausfetten. Die Hälfte der Semmelbrösel einfüllen und mit der Hälfte des Käses, 1 Eßlöffel Zucker sowie der Hälfte des Zimts und der Muskatnuß bestreuen. Die andere Hälfte der Semmelbrösel darüber schichten, mit dem restlichen Käse auffüllen und den restlichen Gewürzen bestreuen. Den Backofen auf 200 °C vorheizen.
2  Den übrigen Zucker in einem Topf schmelzen, mit ¹/₈ l Wasser aufgießen und die restliche Butter zugeben. Das Ganze aufkochen und über die Semmelbrösel gießen. Den Pudding im Ofen etwa 35 Minuten backen.
3  Für die Sauce die Aprikosen waschen, entsteinen, kleinschneiden und mit dem Honig und Zitronensaft in einem kleinen Topf etwa 10 Minuten offen köcheln lassen.
4  Den abgekühlten Brotpudding aus der Form lösen, stürzen, in Scheiben schneiden und auf Desserttellern anrichten. Mit der Aprikosensauce servieren.

### Aprikosen in Neu-Mexiko
*Picuris, im Jahre 1200 gegründet, war einst mit über 3000 Einwohnern das größte Pueblo im Norden Neu-Mexikos. Heute hat der Stamm*

*knapp 250 Mitglieder. Hier wurden die von den spanischen Missionaren eingeführten Aprikosen angebaut.*

*Whipped Raspberries and Honey from the Haida*

# PÜRIERTE HIMBEEREN MIT HONIG DER HAIDA

**Für 4 Personen**

| |
|---|
| **500 g Himbeeren** |
| **50 g Honig** |

Die Himbeeren waschen, abtropfen lassen und mit dem Honig im Mixer pürieren.

### Köstliche Beeren
*Das Beerenpflicken war bei den Stämmen im Nordwesten der USA stets die Aufgabe der Frauen. In kleinen Gruppen zogen sie durch die Wälder und riefen sich in kurzen Abständen gegenseitig beim Namen, um die Bären zu verscheuchen, die auch auf der Suche nach den süßen Früchten waren, so daß es gelegentlich zu gefährlichen Begegnungen kommen konnte.*
*Manchmal mischten die Frauen die frischen Beeren mit Lachseiern oder Walfischöl, aber das ist wohl nichts für den europäischen Geschmack. Im Winter gab es – zur Freude der Kinder – die getrockneten Beeren mit Schnee, ein Art Eiscreme.*

*Grenadine Pudding from the Choctaw*

# GRANATAPFELPUDDING DER CHOCTAW

**Für 4 Personen**

| |
|---|
| **2 Eier** |
| **2 Eigelb** |
| **1 Vanilleschote** |
| **$^1/_2$ l Milch** |
| **1 Granatapfel** |
| **50 g Zucker** |
| **Saft von 1 Zitrone** |

1 Die Eier in eine Rührschüssel aufschlagen, die Eigelbe dazugeben und alles schaumig rühren.
2 Die Vanilleschote längs aufschlitzen, das Mark mit einem Löffel herausschaben und in die Milch geben. Die Milch mit dem Vanillemark aufkochen und unter Rühren langsam zu den Eiern geben.
3 Die Eiermilch durch ein Spitzsieb in eine ofenfeste Form

gießen und diese in den kalten Backofen stellen. Den Ofen auf 180 °C aufheizen und den Pudding etwa 45 Minuten garen. Sollte die Masse Blasen werfen, die Temperatur reduzieren.
4 Den Pudding abkühlen lassen und einige Stunden oder am besten über Nacht in den Kühlschrank stellen. Die Masse mit einem Messer vom Rand der Form lösen. Diese mit einem Teller abdecken und den Pudding auf den Teller stürzen.
5 Für die Sauce den Granatapfel aufschneiden und die Kerne herauslösen. Den Zucker mit dem Zitronensaft und einem Eßlöffel Wasser karamelisieren lassen. Die Granatapfelkerne dazugeben und zwei Minuten mitkochen. Den Pudding mit der warmen Sauce übergießen und servieren.

**Tip:**

Dieses Rezept ist eine Spezialität der Choctaw, die im Südosten der USA leben. Leider läßt es sich in unseren Breiten nicht ganz original nachkochen. Denn die amerikanischen Granatäpfel sind wesentlich kleiner und anders im Geschmack als die orientalischen Paradiesäpfel, die in Europa zur Weihnachtszeit angeboten werden.

**Kostbare Schoten**

*Um an die wertvollen Vanilleschoten zu kommen, mußte manchmal etwas nachgeholfen werden: Was die Bienen, beziehungsweise der Kolibri nicht besorgte, erledigten die Indianerkinder. Sie kletterten behend auf die Lianenbäume der »Vanilla planifolia« und bestäubten die Blüten von Hand.*
*Die Spanier, die diese zierlichen Schoten in Zentralamerika entdeckten, nannten sie »Vanilla« nach einer Verkleinerungsform des lateinischen Wortes Vagina, also »kleine Scheide«.*

*Choctaw Pumpkin-Pecan Muffins*

# KÜRBIS-PECAN-MUFFINS DER CHOCTAW

**Ergibt 12 Muffins**

150 g feines Maismehl
150 g Weizenmehl
2 TL Backpulver
500 g Kürbis ohne Schale
100 g Pecannüsse, geschält
1 Ei
4 EL Ahornsirup
12 ganze Pecannüsse

**1** Das Mais- und das Weizenmehl mit dem Backpulver vermischen und alles in eine Rührschüssel sieben.
**2** Das Kürbisfleisch in grobe Stücke schneiden und im Mixer oder mit einem Mixstab pürieren. Die Pecannüsse nicht zu fein hacken. Den Backofen auf 200 °C vorheizen.

**3** Das Kürbispüree mit den Pecannüssen, dem Ei und dem Ahornsirup zum Mehl geben und alles zu einem Teig verarbeiten.
**4** Den Teig in die Näpfe einer Muffinform füllen, mit den ganzen Nüssen garnieren und im Ofen etwa 25 Minuten backen.

**Tip:**
Die meisten Muffinformen sind mit einer Antihaftbeschichtung versehen und müssen nicht unbedingt ausgefettet werden. Formen ohne Beschichtung müssen Sie aber ausfetten.

**Mesa verde**
*Der Kürbisanbau hat bei allen Stämmen des Südwestens eine lange Tradition. Sie bauten ihn unter anderem auf dem Plateau an, das die Spanier als »Mesa verde«, grünen Tisch, bezeichneten. Doch versiegten die Quellen, die sie zum Bewässern von Kürbis und Mais benötigten, und so mußten sie ihre »Cliff dwellings«, die Felsklippenwohnungen verlassen. Die Ruinen dieser dreistöckigen Häuser kann man heute besuchen und in den umliegenden Pueblos die Kürbis-Pecan-Muffins kaufen, frisch gebacken in einem »Adobe-Ofen«.*

*Cherry Cornbread from the Dakota*

# MAISKUCHEN MIT KIRSCHEN DER DAKOTA

**Für 6 bis 8 Stück**

| |
|---|
| 2 Eier |
| 1 Eigelb |
| 150 g Weizenmehl |
| 150 g Maismehl |
| 2 TL Backpulver |
| 60 g weiche Butter |
| 3 EL Honig |
| 350 g Kirschen |
| 10 g Butter und 1 EL Mehl für die Form |

**1** Die Eier und das Eigelb in eine Rührschüssel geben und das Weizenmehl, das Maismehl und das Backpulver darübersieben. Die Butter und den Honig dazugeben und alles mit den Knethaken des elektrischen Handrührgeräts oder mit den Händen zu einem glatten Teig verarbeiten.

**2** Die Kirschen waschen, entsteinen und unter den Teig heben. Den Backofen auf 200 °C vorheizen.

**3** Eine Kuchenform mit der restlichen Butter ausfetten, mit Mehl ausstreuen, umdrehen und abklopfen, um überschüssiges Mehl zu entfernen. Den Teig in die Form füllen und im Ofen etwa 40 Minuten backen.

### Süß gegen den Wind

*Die Dakota sagen, daß die Kirschen süß und gut sind, wenn derjenige, der sie pflickt, gegen den Wind geht. Bewegt sich der Pflicker hingegen mit dem Wind, sind die Kirschen sauer und bitter.*

# DER SONNENTANZ

**B**eim Sonnentanz wird der Sonne gehuldigt sowie ein dem Höchsten Wesen geleistetes Gelübde erfüllt und Mut und Durchhaltevermögen bewiesen. Jeder Stamm hat seine eigenen Riten, aber die Grundregeln ähneln sich: Ein Baum wird ausgesucht, gefällt, von den Ästen befreit und in der Mitte eines Platzes aufgestellt. An seinem Fuß wird ein Büffelschädel als Opfergabe dargebracht und der Baumstamm, der »Sundancepole«, dekoriert. Nachdem eine Pfeife der Medizinmänner geraucht, Tabak geopfert und um Kraft gebeten wurde, das Ritual durchzustehen, beginnen die Tänzer zu tanzen: Sie umkreisen den Pfahl und grüßen die Sonne im Rhythmus der Trommeln. Sie bringen an Brust und Rücken Schnitte an, ziehen Schnüre durch die Wunden und binden sie an den Pfahl (Abb. rechte Seite). Dieser Tanz dauert drei bis vier Tage und am Ende haben die Tänzer häufg Visionen, reißen sich Hautfetzen von ihrem Körper und brechen bewußtlos zusammen. Der ganze Stamm ermuntert die Tanzenden mit Beifall und beschenkt sie nach dem Ritual mit Tabak, Speisen und Wasser.

Die US-Regierung und christliche Missionare versuchten immer wieder, diesen Kult zu verbieten, jedoch vergeblich. Sonnenkulte gab es in vielerlei Form, und nicht alle waren so schmerzhaft wie der Sonnentanz. Die Abbildung unten zeigt das Sonnenfest der Seminolen.

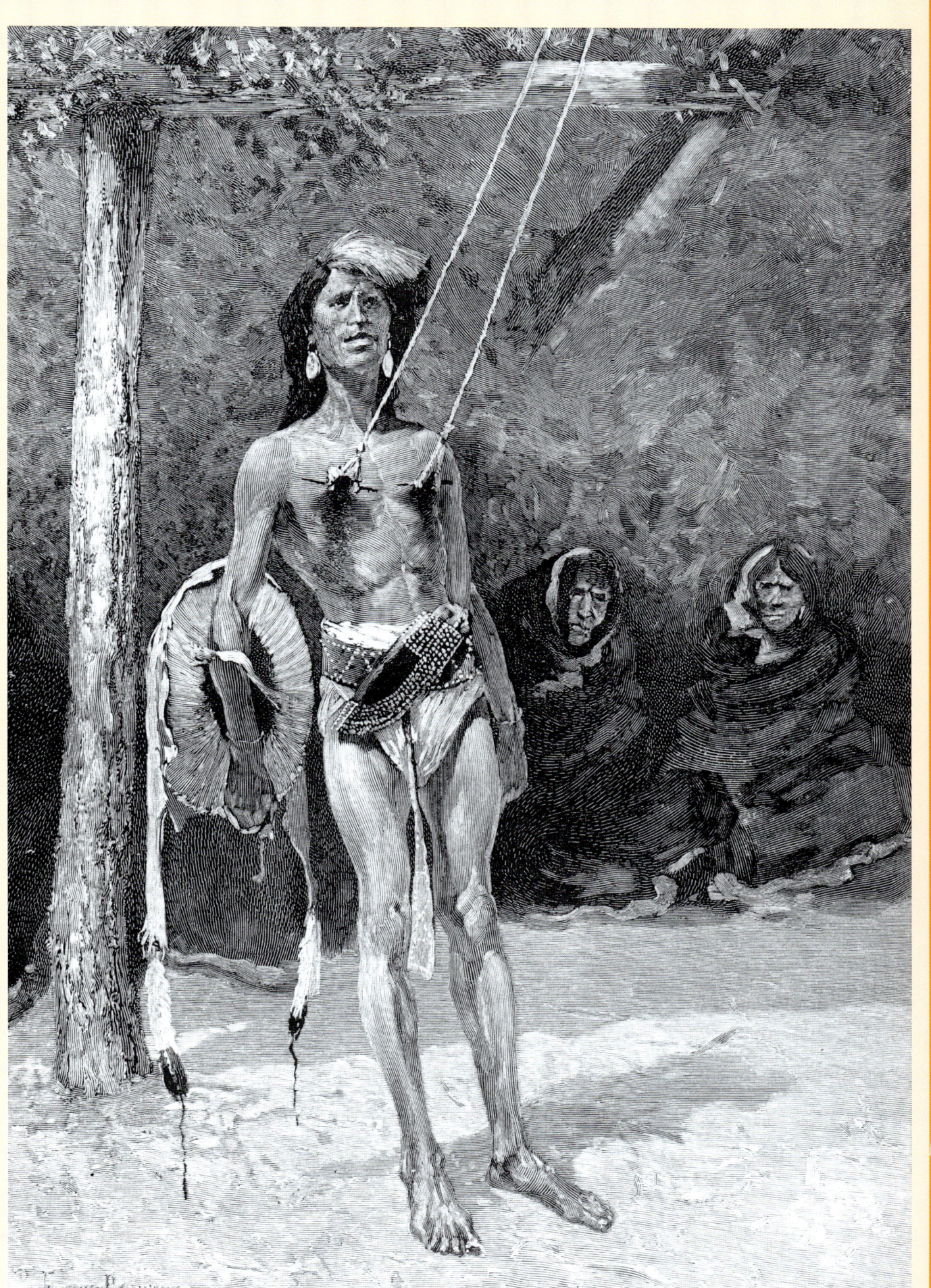

*Pawnee Apple Pie*
# APFELKUCHEN DER PAWNEE

**Ergibt 6 Stück**

100 g weiche Butter
100 g Zucker
3 Eier
100 g Weizenmehl
100 g Maismehl
2 TL Backpulver
2 TL Zimt
4 säuerliche Äpfel, z. B. Boskop
oder Granny Smith
Saft von 1 Zitrone
etwas Butter für die Form
30 g Pinienkerne

1  In einer Rührschüssel die Butter und den Zucker schaumig rühren. Nach und nach die Eier dazurühren.
2  Das Weizenmehl, das Maismehl, das Backpulver und den Zimt mischen, in eine Schüssel sieben und eßlöffelweise zu der Butter-Zucker-Masse geben.
3  Den Backofen auf 180 °C vorheizen. Die Äpfel schälen, vierteln, entkernen und in dünne Schnitze schneiden. Die Apfelschnitze sofort mit dem Zitronensaft begießen, gut vermischen und unter den Teig heben.

4  Etwas Butter in einer Auflaufform schmelzen und diese damit ausfetten. Den Teig in die Form füllen, mit den Pinienkernen bestreuen und im Ofen etwa 1 Stunde backen.

### Pawnee

*Die Pawnee hatten kahlgeschorene Schädel mit nur einer Skalplocke, die sie »Pariki« nannten und von der sich ihr Name ableitet. Sie lebten von der Büffeljagd und dem Anbau von Mais, Bohnen und Kürbis. Als ausgezeichnete Astronomen konnten sie den günstigsten Zeitpunkt für die Saat berechnen. Auch nach der Einführung der Pferde im 16. Jahrhundert blieben die Pawnee, anders als andere Stämme der Prärien, bei dieser Lebensweise. Heute leben noch knapp 600 Nachfahren des einst stolzen Volkes mit 10 000 Angehörigen in einem Reservat zwischen Kansas und Oklahoma.*

*Creek Blackberry Cobbler*

# BROMBEERSCHÜSSEL DER CREEK

**Für 6 Personen**

| |
|---|
| 750 g Brombeeren |
| 3 EL Honig |
| 1 Ei |
| 60 g Weizenmehl |
| 40 g Maismehl |
| $^1/_2$ TL Backpulver |
| 1 Prise Salz |
| 2 EL Honig |

**1** Die Brombeeren waschen, abtropfen lassen und mit dem Honig in eine Auflaufform geben.
**2** Das Ei in eine Rührschüssel geben und das Weizenmehl, das Maismehl und das Backpulver darübersieben. Salz und Honig zugeben und das Ganze zu einem festen Teig verarbeiten.
**3** Aus dem Teig 6 Bällchen formen und auf den Brombeeren verteilen. Die Auflaufform in den kalten Backofen stellen, diesen auf 200 °C aufheizen und den Auflauf etwa 25 Minuten backen.

### Beliebte Beeren

Im Südosten Nordamerikas, der Heimat der Creek, ernteten die Indianer wilde Brombeeren körbeweise. Wenn die Beeren reif waren, zogen ganze Familien zum Pflicken. Die Beeren kamen in viereckige Körbe, die jeweils zu dreien ineinanderpaßten. Der kleinste Korb wurde an den Gürtel gehängt und in die beiden größeren entleert. Auf dem Heimweg dann hingen die großen Körbe rechts und links am Körper und der kleinste vor der Brust.

Die Beeren wurden zu Kuchen, Aufläufen, Gelee, Saft und Wein verarbeitet oder, wie andere Früchte auch, auf Gestellen in der Sonne getrocknet und für den Winter eingelagert.

*Feast Days Pinon Cookies from the Navajo*
# FESTTAGSKEKSE DER NAVAJO

**Für 12 Stück**

| |
|---|
| 100 g Pinienkerne |
| 50 g Weizenmehl |
| 50 g feines Maismehl |
| 1 TL Backpulver |
| 80 g Butter |
| 50 g Zucker |
| 1 Eigelb |
| etwas Fett für das Blech |

**1** 80 g Pinienkerne in einer Pfanne ohne Fettzugabe goldgelb rösten und anschließend im Mixer oder mit dem Pürierstab pürieren. Die übrigen Pinienkerne beiseite legen.

**2** Das Weizenmehl, das Maismehl und das Backpulver mischen und in eine Rührschüssel sieben. Die zerkleinerten Pinienkerne, die Butter, den Zucker und das Eigelb dazugeben und alles mit den Knethaken des elektrischen Handrührgeräts oder den Händen zu einem

glatten Teig verarbeiten. Den Teig 15 Minuten ruhen lassen.
**3** Den Backofen auf 200 °C vorheizen. Den Teig in 12 Portionen teilen und zu Kugeln formen. Ein Backblech einfetten. Die Teigkugeln auf das Backblech legen, flachdrücken, mit den ganzen Pinienkernen garnieren und im Ofen etwa 25 Minuten backen.

### Backen wie in Spanien
*Zum Backen, aber auch zum Braten, etwa von Hackbraten, benutzen die Frauen im Südwesten der USA einen sogenannten »Horno«. Das ist ein bienenstockähnlicher Backofen, der sich außerhalb der »Adobe buildings«, der Lehmhäuser, befindet. Die Hornos ähneln Bauten, wie es sie vor vielen hundert Jahren in Spanien gab. Sie sind aus Steinen errichtet und mit »Adobe«, einer Mischung aus Lehm, Sand und Stroh, verputzt. Meist verschließt ein verzinktes Eisenbleche die quadratische Öffnung.*

### Hochzeitskekse
*Diese Kekse backen die Navajo zu feierlichen Anlässen, etwa einem Hochzeitsfest. Bei einer Hochzeit halten die Indianer wie in vielen Bereichen des Lebens an alten Traditionen fest, wenn auch viele von ihnen zum christlichen Glauben übergetreten sind. So ist es Brauch, daß die Großmutter der Braut dem Paar einen geflochtenen Hochzeitskorb überreicht. In diesem befindet sich weißes Maismehl für die Familie der Frau und gelbes für die Familie des Mannes. Braut und Bräutigam vermengen beide Sorten mit den Händen und essen davon. Auf diese Weise werden zwei Leben zu einem neuen vereint.*

# HASELNUSSKUGELN DER IROKESEN

**Ergibt l8 Stück**

- 125 g Haselnüsse, gemahlen
- 1 Prise Salz
- 25 g feines Maismehl
- 25 g Weizenmehl
- $1/4$ l Maisöl zum Fritieren
- 100 g durchwachsener Speck in Scheiben
- 1 EL Ahornsirup

**1** In einem Topf $1/4$ l Wasser zum Kochen bringen, die gemahlenen Haselnüsse einstreuen und unter ständigem Rühren etwa l0 Minuten kochen. Das Salz dazugeben. Das Mais- und das Weizenmehl einstreuen und unter ständigem Rühren kurz mitkochen. Den Topf von der Kochstelle nehmen und die Masse etwa 30 Minuten abkühlen lassen.

**2** Aus dem Haselnußteig l8 kleine Kugeln formen. Das Öl in einem Topf stark erhitzen und die Haselnußbällchen schwimmend fritieren. Sobald sie goldbraun gebacken sind, mit einem Schaumlöffel herausnehmen und auf Küchenkrepp abtropfen lassen.

**3** Vom Fritieröl 1 Eßlöffel in einer Pfanne erhitzen und die Speckscheiben darin knusprig braten, dann herausnehmen und auf Küchenkrepp abtropfen lassen. Die Haselnußkugeln mit dem gebratenen Speck und Ahornsirup servieren.

### Ein Opfer für Manitou

*Die Irokesen, die in den Wäldern im Nordosten der USA leben, teilen wie alle Indianer ihre Speisen mit den Nachbarn und halten auch immer eine Opfergabe für die Götter bereit. Und wenn »Manitou«, die Kraft der Natur, wie die Algonkin-Stämme sie bezeichnen, oder »Orenda«, der Herr des Universums, noch so erzürnt sind, lassen sie sich durch diese süße Gabe sicherlich gnädig stimmen.*

*Strawberries Poached in Honey from the Shawnee*

# IN HONIG POCHIERTE ERDBEEREN DER SHAWNEE

**Für 4 Personen**

**500 g Erdbeeren**
**3 EL Waldhonig**
**einige Pfefferminzblättchen**
**zum Garnieren**

1  Die Erdbeeren waschen, die Stielansätze abzupfen und die Früchte gut abtropfen lassen.
2  Den Honig und 3 Eßlöffel Wasser in einem Topf bei großer Hitze 5 Minuten einkochen lassen.
3  Den Topf von der Kochstelle ziehen. Die Erdbeeren in den Sirup geben und etwa 5 Minuten ziehen lassen. Mit den Pfefferminzblättern garnieren.

### Erdbeermedizin

*Erdbeeren waren nicht nur ein beliebter Nachtisch, sondern dienten auch medizinischen Zwecken: Die Früchte beruhigen einen nervösen Magen und die in Wasser gekochten Blätter und Wurzeln regen den Blutkreislauf an. Der Saft der ausgepreßten Beeren festigt lockere Zähne, kühlt entzündete Augenlider und läßt Flecken auf der Haut verblassen.*

*Blackberry Upside Down Cake from the Creek*

# GESTÜRZTER BROMBEERKUCHEN DER CREEK

**Für 6 Personen**

| |
|---|
| 400 g Brombeeren |
| 3 EL Waldhonig |
| 1/2 Vanilleschote |
| 250 g Mehl |
| 1 TL Backpulver |
| 100 g Butter |
| 100 g brauner Zucker |
| 2 Eier |

**1** Eine flache Form von etwa 18 x 28 cm mit Backpapier auslegen.
**2** Die Brombeeren waschen und abtropfen lassen. Die abgetropften Brombeeren in die Form geben und mit dem Honig beträufeln.
**3** Die Vanilleschote längs aufschlitzen und das Mark mit einem Löffel herausschaben. Mehl und Backpulver in eine Rührschüssel sieben. Die Butter, den Zucker, die Eier und das Vanillemark dazugeben und alles mit den Knethaken des elektrischen Rührgeräts oder mit den Händen zu einem glatten Teig verarbeiten.
**4** Den Teig 30 Minuten ruhen lassen. Den Backofen auf 200 °C vorheizen. Den Teig auf die Größe der Form ausrollen und auf die Brombeeren legen und den Kuchen im Ofen etwa 35 Minuten backen.
**5** Den Kuchen in der Form abkühlen lassen, dann eine Kuchenplatte auf die Form legen, das Ganze wenden und den Kuchen so auf die Kuchenplatte stürzen. Zuletzt das Backpapier abziehen.

*Campfire-Baked Apples from the Cherokee*

# BRATÄPFEL DER CHEROKEE

**Für 4 Personen**

| |
|---|
| 4 Äpfel |
| 100 g Pecannüsse, geschält |
| 1 EL brauner Zucker |
| 1 TL Zimt |
| 20 g Butter |

**1** Das Kerngehäuse mit einem Ausstecher aus den Äpfeln herausschneiden, dabei aber nicht ganz durch die Frucht stechen. Die Pecannüsse fein hacken. Den Backofen auf 180 °C vorheizen.
**2** Die Nüsse mit Zucker und Zimt mischen und in die ausgehöhlten Äpfel füllen. Die Butter in Flöckchen darauf setzen. Die gefüllten Äpfel in eine feuerfeste Form geben und im Ofen backen.

**Tip:**
Wenn Sie die Äpfel am Lagerfeuer backen, wickeln Sie sie vorher in Alufolie.

### Äpfel für das Höhlenvolk
*Die Cherokee, das Höhlenvolk, aßen gerne Äpfel, sowohl roh als auch gebacken. Die Bratäpfel, die »Su-Ga-Ta«, wurden in der Kochstelle bereitet: Die Glut wurde zunächst beiseite geschoben, die Äpfel auf die Asche gelegt und dann die Glut auf ihnen verteilt.*

*Navajo Peach Crisp*

# PFIRSICHSTREUSEL DER NAVAJO

**Für 3 Personen**

etwas Butter für die Form
3 Pfirsiche
2 EL brauner Zucker
2 EL Weizenmehl
1 Prise Salz
¹/₂ TL Zimt
20 g Butter
1 EL Pinienkerne

1  Eine Auflaufform ausbuttern. Die Pfirsiche waschen, halbieren, entkernen und mit der Schnittfläche nach oben in die Form geben. Mit 1 Eßlöffel Zucker bestreuen.

2  Den Backofen auf 200 °C vorheizen. Aus dem Weizenmehl, dem restlichen Zucker, dem Salz, dem Zimt und der Butter einen festen Teig kneten und die Pfirsichhälften damit füllen. Mit Pinienkernen bestreuen und im Backofen etwa 25 Minuten backen.

### Pfirsiche am Colorado

*Spanische Missionare brachten im 17. Jahrhundert die Pfirsiche aus Europa und pflanzten sie am Ufer des Colorado River und des Rio Grande. Die Navajo übernahmen bald diese saftigen Früchte und schufen wunderbare Gerichte daraus.*

### Klassisches Muster

*Die Bemalung auf diesem Samenkornbehälter ist kein Ornament, sondern Schneeflocken, kurz bevor sie den Boden berühren. Dieses Motiv der berühmten Künstlerin Rachel Concho aus dem Pueblo Acoma kehrt immer wieder und wird von allen Stämmen anders interpretiert.*

*Pinon Chips from Santa Fé*

# PINIENKEKSE VON SANTA FÉ

**Ergibt 25 Stück**

| |
|---|
| **100 g Pinienkerne** |
| **300 g Weizenmehl** |
| **1 TL Backpulver** |
| **1 Prise Salz** |
| **1 Ei** |
| **3 EL Honig** |
| **100 g kalte Butter** |
| **1 TL Milch** |
| **30 g ganze Pinienkerne** |

**1** Die Pinienkerne in einer Moulinette oder mit dem Pürierstab fein zermahlen. Das Weizenmehl und das Backpulver mischen und in eine Rührschüssel sieben. Das Salz daruntermischen.

**2** Das Ei trennen. Das Eiweiß, die gemahlenen Pinienkerne, den Honig und die Butter in Flocken zum Mehl geben und das Ganze mit den Knethaken des elektrischen Rührgeräts oder mit den Händen zu einem glatten Teig verarbeiten.

**3** Den Backofen auf 200 °C vorheizen. Den Teig etwa 5 mm dick ausrollen, zu Rechtecken schneiden oder runde Kekse formen und auf ein mit Backpapier belegtes Backblech geben.

**4** Das Eigelb mit der Milch verquirlen und die Kekse damit bepinseln. Mit ganzen Pinienkernen verzieren und im Backofen etwa 30 Minuten backen.

## Heiliger Glaube

*Unter den Arkaden des Gouverneurpalastes auf der Plaza in Santa Fé, dem Platz, der auch »Indian Market« genannt wird, sitzen die Indianer bei Wind und Wetter auf dem Boden und verkaufen nicht nur ihr Kunsthandwerk, sondern auch diese Kekse, die sie in den umliegenden Pueblos backen.*

*Als die Spanier die Mauren aus Granada vertreiben wollten, ließ Königin Isabella ein festes Heerlager errichten, das sie »Santa Fé« nannte, »heiliger Glaube«, da sie nie am Sieg über die Araber zweifelte. Dort hat Kolumbus Isabella und ihren Gemahl Ferdinand kennengelernt und um Erlaubnis und Mittel gebeten, den Seeweg nach Indien zu finden. Aber erst nach Abzug der Mauren willigte die Königin ein und der »Admiral der Meere« konnte 1492 in See stechen. Im Jahre 1609 gründeten die Spanier eine Stadt im heutigen US-Staat Neu-Mexiko und nannten sie, zu Ehren ihrer einstigen Königin, »Santa Fé«.*

*Seminole Honey Oranges*

# ORANGEN MIT HONIG DER SEMINOLEN

**Für 1 Person**

**1 Orange**
**1 EL Honig**
**Saft von ¹/₂ Zitrone**

1  Die oberen zwei Drittel der Orangenschale sternförmig einschneiden und vom Fruchtfleisch lösen. Die einzelnen Segmente auffächern.
2  Die Orange mit Honig begießen, mit Zitronensaft beträufeln und einige Stunden marinieren lassen.

### Die Blühende

*»La Florida«, die Blühende, nannten die Spanier den südlichsten Zipfel der USA. In dem dortigen heißen Klima gediehen auch die Bitterorangen sehr gut, die die Spanier im 16. Jahrhundert als Mittel gegen Skorbut aus Sevilla mitbrachten.*

### Indian Time

*Diese Muschelkette ist ein Kunstwerk der Salish, die an der Westküste Kanadas, zwischen Washington und British Columbia lebten. Sie wurde Anfang des 20. Jahrhunderts aus über tausend Muscheln angefertigt, jede einzelne durchbohrt und geschliffen. Es ist heute nicht mehr auszumachen, wie viele Wochen oder gar Monate der Künstler benötigte, die Kette zu fertigen, auf jeden Fall hatte er Zeit: Indian Time.*

*Cranberry-Maple Sauce from the Haida*

# PREISELBEERSAUCE MIT AHORNSIRUP DER HAIDA

**Für 4 Personen**

300 g Preiselbeeren
1 unbehandelte Orange
3 EL Ahornsirup

1  Die Preiselbeeren waschen, abtropfen lassen und in einen Topf geben. Die Orange abwaschen und den Saft auspressen.
2  Den Orangensaft und den Ahornsirup zu den Preiselbeeren geben und alles offen etwa 10 Minuten einkochen.
3  Inzwischen mit einem Kanneliermesser einige dünne Streifen aus der Orangenschale schneiden und in die Sauce geben.

**Tip:**
Reichen Sie die Preiselbeeren entweder als Beilage zu Wildgerichten oder als Nachtisch.

### Iron People
*Die Indianerstämme im Nordwesten verwendeten zum Süßen Ahornsirup, den sie in Behältern aus Baumrinde aus Ahornsaft kochten. Später wurden die Rindenbehälter durch Eisenkessel ersetzt, die sie mit den »Waisitchu«, »denen, die den Rahm abschöpfen«, den Weißen, gegen Felle tauschten. Die Haida nannten die Weißen deshalb auch »Iron people«, Eisenmenschen.*

## Inset map (top left): USA Süd Alaska

USA
**Süd Alaska**

N
0    200 km

Tlingit
Tongass
Niska
Tsimshian
Gitksan
Haida

**KANADA**

Bella-Bella
Bella-Coola
Kwakiutl
Comox
Nootka
Puntlatch
Semiahmoo

Makah
Quileute
Coast-Salish
Kwalhioqua
Clatsdanie
Siletz
Yaquina
Tillamook
Siuslaw
Coos
Chastacosta

Clallam
Duwamish
Nisqually

**WASHINGTON**

**USA**

**OREGON**

## Main map

**KANADA**

**MEXIKO**

Makah
Quinault
Clallam
Snohomish
Lumni
Colville
Spokane
Coeur d'Alene
Kootenai
Blackfeet
Cree
Assiniboine, Gros Ventre
Assiniboine
Cree
Metis
Assiniboine, Gros Ventre
Fort Peck-Sioux

**WASHINGTON**
Yakima
Nez Perce
Salish, Kootenai
Walla Walla
Warm Springs
**OREGON**
Alsea, Nolala, Umpqua
Klamath
Paiute
Hoopa
Pit River
Shoshone
Paiute
Shoshone
Paiute
Washoe, Paiute, Shoshone
Washoe
Paiute

**IDAHO**
Shoshone, Bannock
Paiute
Shoshone
Goshute

**MONTANA**
Crow
Northern Cheyenne
Arapaho, Shoshone
**WYOMING**
Ridge-S
SOU

Missouri
Ar
Hid
Ma

**NEVADA**
**CALIFORNIA**
Paiute
Paiute
Mojave
Chemehuevi
Jamul Diegueño

**UTAH**
Ute
Paiute
Paiute
Monument Valley
Mesa Merde
Ute
**COLORADO**

Havasupai
Navajo
Hopi
Window Rock
**ARIZONA**
Yavapai
Mojave
Tonto-Apache
Maricopa, Pima
Phoenix
San Carlos-Apache
Pima-Papago
Yaqui

Zuni
Jicarilla-Apache
Taos
Pueblos
Jicarilla-Apache
Chiricahua-Apache
**NEW MEXICO**
Mescalero-Apache
Ysleta-Tigua

Colorado

## Inset map (bottom left): Arizona / New Mexico

Grand Canyon
Colorado
Navajo
Hopi
Havasupai
**ARIZONA**
Zuni
Little Colorado
Gila River
Casas Grande
Phoenix
Papago
Pima
Apache

Jicarilla-Apache
Taos/Picuris
Santa Clara/San Juan
Nambe/Santa Cruz
Jemez/Cochiti
Tesuque/Pojoaque
Santo Domingo
San Ildefonso
Zia/San Felipe
Santa Fe
Santa Ana
Sandia
Laguna
Albuquerque
Acoma
Isleta
**NEW MEXICO**
Mescalero-Apache
Comanche
El Paso
Rio Grande
Pecos River

**MEXICO**
N
0    400 km

KANADA

Turtle-Mountain-Sioux

Rocky Boy's Sioux

Chippewa (Ojibwa)

NORTH
DAKOTA

tanding-Rock-
Sioux

heyenne-River-
oux

Chippewa (Ojibwa)

Lake Superior

Chippewa (Ojibwa)

Chippewa (Ojibwa)

Chippewa (Ojibwa)

Wyandot (Huronen)

Mohawk

Maliseet

Micmac

Abnaki

MAINE

Penobscot

Passamaquoddy

VERMONT

NEW
HAMPSHIRE

Sioux

DAKOTA

glala-Lakota-
oux

Blulé-Sioux

Rosebud-Sioux

Winnebago

MINNESOTA

Santee-Sioux;
Yankton-Sioux

Omaha

NEBRASKA

IOWA

USA

KANSAS

Kickapoo

Potawatomi

Munsee, Delaware

Iowa, Kickapoo,
Sac-and-Fox-
Potawatomi,
Shawnee,
Cheyenne-Arapaho

OKLAHOMA

chita, Delaware,
Caddo, Kiowa,
ache, Comanche

Creek, Seminole,
Choctaw, Chickasaw

TEXAS

WISCONSIN

Winnebago

Oneida

Brotherton

Potawatomi

MICHIGAN

Chippewa
(Ojibwa)

Lake
Huron

Chippewa (Ojibwa)

Potawatomi

Lake Michigan

Mississippi

Missouri

MISSOURI

Cherokee

ARKANSAS

Miami

ILLINOIS

INDIANA

Mississippi

LOUISIANA

Choctaw

MISSISSIPPI

Choctaw

Coushatta

Houma

Chitimacha

OHIO

KENTUCKY

TENNESSEE

Natchez

Cherokee

ALABAMA

Creek

Lake Ontario

Cayuga

Oneida

Onondaga

Tonawanda

Tuscarora

Seneca

NEW
YORK

Algonkin

Lake Erie

PENNSYLVANIA

WASHINGTON D.C.

Moor

MARYLAND

WEST
VIRGINIA

Rappahanock

Mattaponi

Amherst

VIRGINIA

Nipmuc

MASSACHUSETTS

Paugusett

Mohegan

New-York City

Pequot

Wampanoag

RHODE ISLAND

CONNECTICUT

Narraganset

Poospatuck

NEW JERSEY

DELAWARE

Nanticoke

Mattaponi

Pamunkey

Chickahominy

Haliwa

Cuban

Lumbee

NORTH CAROLINA

Coharie

Waccamaw

Cattawba

SOUTH
CAROLINA

Summerville

GEORGIA

FLORIDA

Seminole

Seminole

Miccosukee

Miccosukee

GOLF VON MEXIKO

N

0          400 km

Reservate, die von der US-Regierung
eingerichtet wurden

Reservate, die von den einzelnen
Staaten eingerichtet wurden

andere indianische Stämme

# ZU DEN BILDERN

**Foto Seite 6:**
Die Schule im Reservat von Polacca, Arizona

**Foto Seite 10**:
Decke (»Ganado«): Navajo, Ganado, ca. 1935
Maske: Kwakiutl, Norman Bell, British Columbia, Kanada. Die Maske stellt »Dzunukwa«, die Göttin der Wintertänze, dar.

**Foto Seite 11**:
Decke (»Yei-be-chei«): Navajo, ca. 1940
Maske: Tsimshian, Ivan Otterlifter, British Columbia, Kanada, 1987

**Foto Seite 12:**
Painted Desert, Arizona (oben)
Cliff dwellings, Colorado (unten)

**Foto Seite 13:**
Window Rock, Arizona

**Foto Seite 14/15:**
Silberkachina: Hopi, Charles Loloma, ca. 1965
Korb (links): Tsimshian, British Columbia, Kanada, ca. 1880
Korb (rechts): Tohono O'odham, Arizona, ca. 1925

**Foto Seite 15**:
Armband: Navajo, ca. 1960
Kette: Navajo, ca. 1965

**Foto Seite 16**:
Satteldecke (»Regional«): Navajo, ca. 1930
Anhänger: Zuni, ca. 1930.
Der Künstler ist unbekannt. Erst seit Ende der sechziger Jahre des 20. Jahrhunderts signieren indianische Künstler ihre Werke.

**Foto Seite 19**:
Decke (»Ganado«): Navajo, Ganado, ca. 1935
Kette: Navajo, Alice Long, ca. 1975. Stellt nicht wie meist angenommen Kürbisblüten, sondern Granatäpfel dar.

**Foto Seite 20**:
Decke (»Crystal«): Navajo, ca. 1930
Kette: Navajo
Keramik: Gerardo Ledezma Veloz, Mata Ortiz (Nuevo Casas Grandes), Nordmexiko

**Foto Seite 21**:
Keramik: Hopi, Gloria Mahle, ca. 1985
Maske: Haida, Peter Carroll, British Columbia, Kanada, ca. 1980. Masken, die sich die Tänzer bei rituellen Tänzen aufsetzen, gibt es in fast allen Stämmen Nordamerikas. Der bekannteste Maskenschnitzer war Bill

Reid (1920-1998) vom Stamm der Haida.

**Foto Seite 22**:
Schafscherer, Navajo, nahe Chinles (oben) und seine Frau (unten)

**Foto Seite 23**:
Zeremonientrommler im Reservat der Jicarilla-Apachen im Bundesstaat Neu Mexiko (oben),
Geronimo Feast Day, Festtag zu Ehren des heiligen Geronimo (unten)

**Foto Seite 24**:
Decke (»Regional«): Navajo, ca. 1960
Fetisch: Zuni
Ketten: Navajo
Altes indianisches Polizeiabzeichen

**Foto Seite 25**:
Keramik: Acoma, Norma Wilson, ca. 1980

**Foto Seite 26**:
Hochzeitskorb: Navajo, ca. 1919
Pistole (»Flint Lock«): Pennsylvania, ca. 1700

**Foto Seite 27**:
Siehe Foto Seite 16

**Foto Seite 28**:
Tomahawk: Taos, Sonny Spruce, 1991. Sonny Spruce,

1945 geboren, ist Silberschmied und Tänzer.

**Foto Seite 29:**
Siehe Foto Seite 28**Foto Seite 30:**
Satteldecke (»Regional«): Navajo, ca. 1985
Gürtelschnalle: Navajo, Herman Vandever und Lonnie Willie, 1987
Schädel: Apachen, Cheyana, 1999. Bis zum Ende des 19. Jahrhunderts wurden Büffel- und Rinderschädel immer nur einfarbig bemalt, dann in den Farben der amerikanischen Flagge. Heute werden andere Motive, vor allem Porträts bevorzugt.

**Foto Seite 32:**
Kachina: Hopi, Earl Nomaoya, 1993. Die Kachina stellt »Hano Mana«, die Langhaarige, dar.
Korb: Papago, Suzie Ranon, 1992

**Foto Seite 33:**
Siehe Foto Seite 32

**Foto Seite 34:**
Decke (»Klagetoh«): Navajo, Klagetoh, ca. 1930
Kriegskeule (gravierter Adlerkopf): ca. 100–800 n. Chr.
Tasche: Irokesen, Woodland, ca. 1880. Die Indianerinnen wurden bei der Fertigung dieser Taschen inspiriert durch die Handtaschen der weißen Frauen. Die indianischen Täschchen sind heute sehr begehrt.

**Foto Seite 35:**
Hochzeitskorb: Hopi, ca. 1895

**Foto Seite 36:**
Siehe Foto Seite 30

**Foto Seite 37:**
Satteldecke (»Ganado«): Navajo, Ganado, ca. 1910
Laterne: Santa Fé Rail Road, 19. Jahrhundert. Werbetafeln mit Indianern wie diese gab es häufig in den zwanziger Jahren des 20. Jahrhunderts.

**Foto Seite 40:**
Decke (»Pictorial«): Navajo, ca. 1980
Korb: Hopi, Noreen Onsae, ca. 1992
Hochzeitskette: Navajo, ca. 1980

**Foto Seite 41:**
Kachina: Hopi, Juan Lara, 1991
Fetisch: Zuni. Der Biber ist ein beliebter Fetisch der Zuni, aber auch der Lakota, Schwarzfuß und Algonkin. Denn er vereinigt in sich die Eigenschaften Fleiß, Eifer und einen starken Willen.

**Foto Seite 42:**
Decke (»Transitional«): Navajo, 1975
Kette: Navajo
Keramik: Hopi, Verla Dewakuku, 1990

**Foto Seite 43:**
Siehe Foto Seite 42

**Foto Seite 44:**
Plastik: Inuit, S. Tuki, 1927

Pfeife: Inuit, ca. 1890
Tabak: Gedrehter Kinnikinnik

**Foto Seite 46:**
Anhänger: Navajo, Doris Smallcanyon, 1990

**Foto Seite 47:**
Siehe Foto Seite 46

**Foto Seite 49:**
Decke (»Crystal«): Navajo, ca. 1910
Maske: Haida, Don McClory, 1974

**Foto Seite 50:**
Decke (»Klagetoh«): Navajo, Klagetoh, ca. 1930
Speer: Cheyenne, ca. 1960
Korb: Pima, ca. 1910

**Foto Seite 51:**
Siehe Foto Seite 50

**Foto Seite 52:**
Decke (»Klagetoh«): Navajo, Klagetoh
Pfeilspitzen: Oklahoma, ca. 1700. Die Eskimos fangen Wale seit über hundert Jahren mit Harpunen und nicht mehr mit Pfeilen. 1996 fand man in Alaska im Fett eines Wales Pfeilspitzen, was darauf schließen läßt, daß dieser über hundert Jahre alt war. Zuvor war man davon ausgegangen, daß Wale nur etwa fünfzig Jahre alt werden.

**Foto Seite 53:**
Fetische: Zuni, 1987
Decke (»Chinle«): Navajo, Chinle. Vor der Einführung der Schafe durch die Spanier

fertigten die Navajo Decken aus Baumwolle. Heute fälschlicherweise als Teppiche gehandelt, wurden sie damals zumeist als Pferdedecken und Umhänge genutzt.

**Foto Seite 54:**
Medizinmann in Taos

**Foto Seite 55:**
Korbflechterin, Apache in San Carlos

**Foto Seite 56**
Stirnband: Apache

**Foto Seite 57:**
Siehe Foto Seite 56

**Foto Seite 58:**
Decke: Navajo, ca. 1960
Korb: Pima, ca. 1910

**Foto Seite 59:**
Räucherbündel (»Smudge sticks«), die aus »Sage brush« hergestellt und mit einem Baumwollgarn umwickelt werden. Sie werden bei Reinigungsritualen in Schwitzhäusern angezündet oder um die bösen Geister zu vertreiben.

**Foto Seite 60:**
Decke (»Chinle«): Navajo, Chinle, ca. 1910
Gewehr: Italien, ca. 1960. Diese Waffe wurde als Requisite für den Film »Für eine Handvoll Dollar« mit Clint Eastwood angefertigt.

**Foto Seite 61:**
Siehe Foto Seite 60

**Foto Seite 62:**
Decke (»Ganado«): Navajo, Ganado, ca. 1960
Räucherbündel (»Smudge sticks«)

**Foto Seite 63:**
Decke (»Regional«): Navajo, ca. 1930
Korb: Hopi, 1992
Fetisch: Zuni, ca. 1950

**Foto Seite 64:**
Alice Dawahoya, Phoenix, Arizona

**Foto Seite 65:**
Decke: Navajo, ca. 1890. »Nine-point-Indian-chief-wearing-blanket« mit neun Punkten bzw. »Diamanten«. Sie diente als Umhang und als Zudecke.
Hochzeitskette (links): Navajo, ca. 1980. Kette für einen Mann.
Hochzeitskette (rechts): Navajo, ca. 1930. Kette für eine Frau.
Um diese Ketten zu fertigen, benötigten die Braut und ihr Vater bzw. der Bräutigam mindestens zwei bis drei Monate.
Hochzeitskorb: Navajo, ca. 1910. Von der Großmutter für das Hochzeitspaar gefertigt. Er ist mit einem »Hogan«, einer achteckigen Hütte dekoriert.
Keramik (links): Sammy und Adrianna Naranjo, Santa Clara
Keramik (rechts): Elisabeth Naranjo, Santa Clara. Die Keramiken wurden häufig mit dem Motiv der Schlange dekoriert.

**Foto Seite 66:**
Decke (»Pictorial«): Navajo, 1975
Korb: Tohono O'odham, Suzie Ranon, 1994
Kette: Santo Domingo, 1990

**Foto Seite 67:**
Keramik: Sophia Medina, Tsia, 1982

**Foto Seite 68:**
Schild: Arapahoe, ca. 1930. Schild eines Medizinmannes mit Beuteln für Kräuter oder ähnliches.

**Foto Seite 69:**
Siehe Foto Seite 68

**Foto Seite 70:**
Keramik: Hopi, Darlene Jones Nampeyo, ca. 1985
Kette: Navajo

**Foto Seite 71:**
Keramik: Acoma, Carrie Chino, 1991
Decke: Aymara, Bolivien, ca. 1920

**Foto Seite 72:**
Siehe Foto Seite 44

**Foto Seite 73:**
Siehe Foto Seite 44

**Foto Seite 75:**
Keramik: Reyes Pino, Tsia, ca. 1970

**Foto Seite 76:**
Paddel: Haida, British Columbia, Kanada, ca. 1960
Fetisch (Hirschgeweih): Zuni, ca. 1940
Figur: Inuit, ca. 1935

**Foto Seite 77:**
Siehe Foto Seite 76

**Foto Seite 78:**
Kachina: Hopi, Earl Numkena, 1992. Die Kachina stellt »Nuvak´chin Mana«, das Schneemädchen, dar.
Kette: ca. 1930

**Foto Seite 80:**
Decke (»Waterspider«): Navajo, ca. 1940
Kette: Zuni
Fetische: Zuni, 1986. Diese Fetische sollten zu einer guten Jagd verhelfen.
Armband: Zuni, ca. 1960
Das Armband stellt einen Specht dar.

**Foto Seite 81:**
Decke: Navajo, ca. 1960
Fetisch: Zuni, ca. 1920
Kette: Navajo, ca. 1950

**Foto Seite 82:**
Glocke (»Mother-in-law-bell«), Navajo, ca. 1965. Die Glocke ist ein Geschenk des Mannes an die Schwiegermutter, die sie an ihren Kleidern befestigen muß, um von dem Liebespaar gehört zu werden.
Krawatte (»Bolo tie«): Zuni, Vigil Dishta, ca. 1975. Die Krawatte, Symbol der Männlichkeit, ist ein Geschenk des Schwiegervaters an den Bräutigam.
Schamanenmaske: Kwiakiutl, Peter Carroll, British Columbia, Kanada, 1988

**Foto Seite 84**
Keramik: Olga Quezada, Nuevo Casas Grandes, Nordmexiko, ca. 1990. Die Indianer in Nuevo Casas Grandes in Mexiko, die von den Apachen abstammen, verwenden dieselben Motive wie die Indianer Nordamerikas: Über Staatsgrenzen hinweg haben sich alte Traditionen erhalten.

**Foto Seite 85:**
Siehe Foto Seite 84

**Foto Seite 86:**
Korb: Hopi, Nona Puhueysua, 1993

**Foto Seite 87:**
Decke: Aymara, Bolivien
Fotos für einen Stereobildbetrachter der Firma Keystone, 1890. Antike Fotos von Indianern sind heute sehr begehrt.

**Foto Seite 88:**
Decke (»Early Pictorial«): Navajo, ca. 1910
Keramik: Acoma, Ergil Vallo, 1990

**Foto Seite 89:**
Decke (»Regional«): Navajo, 1990
Keramik: Hopi, Marvin Honwytewa, 1992

**Foto Seite 91:**
Kopfschmuck: Assiniboine, ca. 1890
Legginstreifen (oben): Sioux, ca. 1880. Die Legginstreifen, dekoriert mit Tepee-Motiven, sind für einen Mann.
Leggins (unten): Sioux, ca. 1890. Die Leggins sind für eine Frau zum Tanzen.
Kriegskeule (oben): Northern Plains, ca. 1840
Kriegskeule (unten): Lakota, ca. 1860

**Foto Seite 92:**
Decke (»Ganado«): Navajo, Ganado, ca. 1930
Steine (»Spirit stones«): Nordwestküste

**Foto Seite 93:**
Decke (»Crystal«): Navajo, ca. 1930
Hochzeitskorb: Navajo, ca. 1910

**Foto Seite 94:**
Keramik: Peru, ca. 1400. Die peruanischen Keramiken, die man in den verlassenen Dörfern und Gräbern der Hochebene fndet, sind erst Mitte der siebziger Jahre des 20. Jahrhunderts bei Ausgrabungen entdeckt worden.

**Foto Seite 95:**
Maske: Haida, Don McClory, 1974

**Foto Seite 96:**
Keramik (Samenkornbehälter): Acoma, Rachel Concho, 1997–1999. Die Keramiken werden mit einer Yuccafaser und Naturfasern bemalt. Farben und Ornamente haben eine symbolische Bedeutung.
Decke (»Waterspider«): Navajo, ca. 1940

**Foto Seite 97:**
Siehe Foto Seite 96

**Foto Seite 98:**
Satteldecke: Navajo, ca. 1930

Hochzeitskorb (groß):
Navajo, ca. 1910
Korb (klein): Pima, ca. 1910
Fetisch: Zuni
Löffel: Tlingit, Alaska,
ca. 1900

**Foto Seite 99:**
Siehe Foto Seite 82

**Foto Seite 100:**
Ernest Lucero in Taos bindet
Smudge sticks.

**Foto Seite 101:**
Weberin, Navajo, nahe
Chinles (oben)
Bernard Dawahoya (indiani-
scher Name: Masaquewa,
d. h. Kleine Sonne) in sei-
nem Studio in Shungopowi,
Arizona (unten)

**Foto Seite 102:**
Kette, Zuni, 1992

**Foto Seite 104:**
Keramik: Hopi, Gloria Kahe,
1991

**Foto Seite 105:**
Siehe Foto Seite 104

**Foto Seite 106:**
Decke (»Ganado«): Navajo,
Ganado, ca. 1935

**Foto Seite 107:**
Siehe Foto Seite 15

**Foto Seite 110:**
Kachina: Hopi, 1987. Die
Kachina stellt »Hano Ma-
na«, die Langhaarige, dar.

**Foto Seite 111:**
Kette: Navajo, 1987

**Foto Seite 112:**
Boyton Canyon, Arizona
(oben)

Mexican Hat, Utah
(unten)

**Foto Seite 113:**
Monument Valley, Arizona

**Foto Seite 114:**
Siehe Foto Seite 102

**Foto Seite 115:**
Siehe Foto Seite 102

**Foto Seite 116:**
Decke (»Chinle«): Navajo,
Chinle, ca. 1910
Kette: Santo Domingo

**Foto Seite 117:**
Korb: Hopi, Nona Puhu-
yesua, 1993
Satteldecke: Navajo,
ca. 1930
Keramik: Jesus Martinez,
Nuevo Casas Grandes, Nord-
mexiko, 1984

**Foto Seite 118:**
Keramik: Santa Clara, ca.
1965
Satteldecke (»Yei«): Navajo,
1968

**Foto Seite 120:**
Kette: Santo Domingo,
ca. 1970
Hochzeitskorb: Hopi,
ca. 1985

**Foto Seite 121:**
Siehe Foto Seite 120

**Foto Seite 122:**
Kachina: Hopi, Raymond
Chee, ca. 1969. Die Kachina
stellt »Takursh Mana«, das
gelbe Maismädchen, dar.
Armband: Hopi, Bernard
Dawahoya, 1990
Decke (»Ganado«): Navajo,
Ganado, 1975

**Foto Seite 124:**
Siehe Foto Seite 118

**Foto Seite 125:**
Keramik: Acoma, C. Lukee,
1990
Decke (»Third-phase-
chief«): Navajo, ca. 1890
Totem: Haida, British Co-
lumbia, Kanada, ca. 1935

**Foto Seite 126:**
San Geronimo Feast day,
Fest zu Ehren des heiligen
Geronimo in Taos.

**Foto Seite 127:**
Cheyenne bei einem Pow-
wow in Red Rock, im Reservat der Navajo.

**Foto Seite 128:**
Decke (»Klagetoh«): Navajo,
Klagetoh, ca. 1930
Hochzeitskorb: Hopi,
ca. 1900

**Foto Seite 129:**
Siehe Foto Seite 128

**Foto Seite 130:**
Hochzeitskorb: Navajo,
ca. 1910
Gürtel: Hopi, Bernard
Dawahoya, 1992. Der Gürtel
ist in der Überlagerungs-
technik gefertigt. Dawahoya
hat bei den Indianern den
Namen Masaquewa. Das be-
deutet »Kleine Sonne«. Dies
ist auch der Grund dafür,
daß er immer wieder das
Symbol der Sonne in
seinen Kunstwerken ver-
wendet.

**Foto Seite 131:**
Siehe Foto Seite 11

**Foto Seite 132:**

Sonnnenfest der Seminolen in Florida. Kupferstich von Theodor de Bry (1528–1598) aus »Americae«, II. Teil, 1591. Original: Staatliche Museen zu Berlin, Preußischer Kulturbesitz, Kunstbibliothek

**Foto Seite 133:**

Prüfung beim Sonnentanz der Blackfeet-Indianer. Holzschnitt nach einer Zeichnung von F. Remington, 1889

**Foto Seite 134:**

Decke (»Chinle«): Navajo, Chinle, ca. 1910
Hochzeitskorb: Hopi, ca. 1900
Fetisch: Zuni, 1989

**Foto Seite 135:**

Keramik: Acoma, Virgil Ortiz, 1986

**Foto Seite 136:**

Fetisch: Zuni, 1985
Hochzeitskette: Navajo, 1975. Kette für einen Mann.

**Foto Seite 137**:

Siehe Foto Seite 136

**Foto Seite 138:**

Kette: Paiute, ca. 1965
Grizzlyzahn: Lakota (Sioux), ca. 1930. Das Motiv stellt eine Opfergabe an Manitou dar.
Decke (»Ganado«): Navajo, Ganado, 1975

**Foto Seite 139:**

Keramik: Hopi, ca. 1900. Die Keramik ist bemalt mit Treppen, dem Symbol des irdischen Lebens und mit Gewitterwolken, die für die Hopi im trockenen Arizona sehr wichtig waren.

**Foto Seite 140:**

Satteldecke: Navajo, ca. 1930
Glasperlenkette: Navajo, Eleanor McCabe, 1994

**Foto Seite 141:**

Keramik: Acoma, Rachel Concho, 1989. Die Keramik ist mit Schneeflocken bemalt. Dieses Motiv kommt bei vielen Stämmen sehr häufg vor.
Tischdecke (»Regional«): Navajo, 1990
Kette: Navajo

**Foto Seite 142:**

Kachina: Hopi, Terrence Lewis, 1988. Die Kachina stellt »Shalako Mana«, das Regentanzmädchen, dar.

**Foto Seite 143:**

Siehe Foto Seite 142

**Foto Seite 144:**

Decke (»Ganado«): Navajo, Ganado, ca. 1930
Kette: Salish, ca. 1900

**Foto Seite 145:**

Totem: Haida, British Columbia, Kanada, ca. 1850. Totempfähle, ein Ehrenmal für die Ahnen, können nur wenige Zentimeter groß sein oder bis zu dreißig Meter in den Himmel ragen. Sie werden nur von Stämmen im Nordwesten Kanadas hergestellt.

# LITERATURVERZEICHNIS

## Küche

Cox, Beverly und Jacobs, Martin: »North American Indian Cooking«. Stewart, Tabori and Chang, New York 1991.

Frank, Ellen Lois: »Native American Cooking«. Clarkson Potter Publishers, New York 1991.

Kavena, Juanita Tiger: »Hopi Cookery«. The University of Arizona Press 1992.

Keegan, Marcia: »Pueblo and Navajo Cookery«. Earth Books - Morgan and Morgan 1977.

Niethammer, Carolyn: »American Indian Food and Lore«. Collier Book, New York 1974.

## Geschichte

Dean, Snow: »The Archaeology of North America, American Indians and their Origins«. Thames and Hudson, New York 1980.

Francis, Lee: »Native Time, a Historical Time Line of Native America«. St. Martin's Press, New York 1996.

Hartmann, Horst: »Die Plains- und Prärieindianer Nordamerikas«. Museum für Völkerkunde, Berlin 1973

Heyden, Ulrich van der (Hrsg.): »Das Indianerlexikon«. Lamuv, Göttingen 1997.

Josephy, Alvin M. jr.: »500 Nations. Die Geschichte der Indianer.« Hrsg. v. Monika Thaler. Frederking & Thaler, München 1997.

Minear, Tish, und Limon, Janet: »Discover Native America«. Hippocreme Books, New York 1995.

Shermann, Josepha: »Indian Tribes of North America«. Portland House, New York 1990.

Thiel, Hans P.: »Meyers Großes Indianerlexikon«. Biblographisches Institut Mannheim 1997.

Turner Publishing, Inc.: »The Native Americans, an illustrated History«. Atlanta 1993.

Waldman, Carl: »Who was Who in Native American History«. Fact on File, New York 1990.

## Kunst

Beowulf Fine Art Ltd.: »Pottery of the North American Indians« Houston 1994.

Feest, F. Christian: »Native Arts of North America«. Oxford University Press, New York 1980.

Karasik, Carol und Foxx, Jay Jeffrey: »The Turqoise Trail: Native American Jewelry and Culture of the Southwest«. Harry N. Abrams Inc. Publishers, New York 1993.

Owusu, Heike: »Symbols of Native America«. Sterling Publishing Co. Inc., New York 1998.

Penney, W. David: »Arts of North America«. Paris 1998.

Rodee, Marian: »Weaving of the Southwest«. Schiffer Publishing Ltd., Pennsylvania 1987.

Schmidt, Jeremy: »In the Spirit of the Mother Earth: Nature in Native American Art«. Chronicle Books, San Francisco 1994.

## Mythologie-Spiritualität-Religion

Adams, E. Charles: »The Origin and Development of the Pueblo Katsina Cult«. The University of Arizona Press 1991.

Bierhost, John: »The Mythology of North America«. Quill William Morrow, New York 1985.

Erdoes, Richard, und Ortiz, Alfonso: »American Indian Myths and Legends«. Pantheon Books, New York 1984.

Hyemeyohsts Storm: »Lightning Balt: Die Weisheit der Medizinmänner, Geschichte einer Einweihung«. München 1997

Johnson, Sandy: »The Book of Elders: The Life Stories and Wisdom of Great American Indians«. Harper Collins Publishers, San Francisco 1994.

# REZEPTVERZEICHNIS

*Bitte beachten Sie auch die nachfolgende Doppelseite*

# Das Beste aus dem

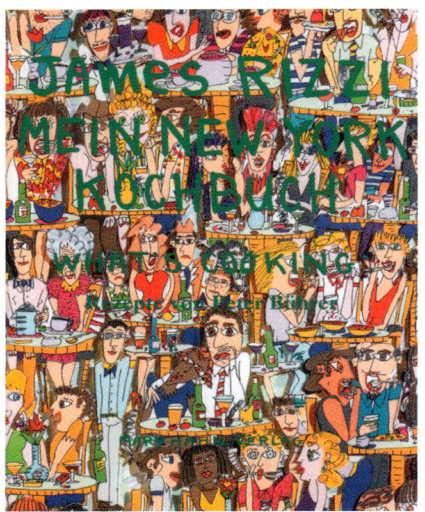

Unterwegs durch New Yorks
Küche mit Kultkünstler
James Rizzi

ISBN 3-87287-432-2

Für Männer, die ihre
Liebste mal richtig begei-
stern wollen

ISBN 3-87287-469-1

Let's have fun with the sea –
Kitty Kahane's zauberhaftes
Fisch–Kochbuch

ISBN 3-87287-473-X

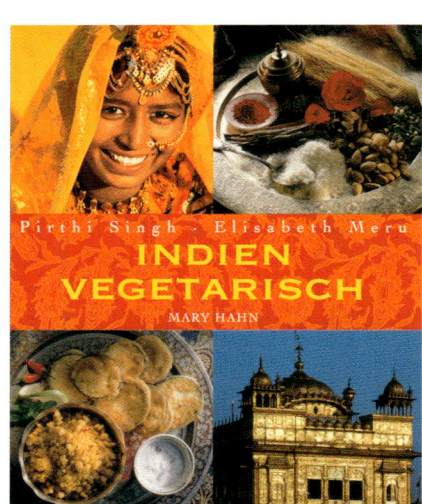

Direkt aus dem Land der
Maharadschas – original,
exotisch, köstlich gewürzt

ISBN 3-87287-512-4

Eine gelungene Mischung aus
köstlichem Kochbuch und
exotischer Kulturgeschichte

ISBN 3-87287-513-2

Traditionelle Gerichte –
phantasievoll und originell
neu zusammengestellt

ISBN 3-87287-439-X

# Mary Hahn-Verlag

Das prächtige Kochbuch –
mit dem Meistersurrealisten
ins Schlaraffenland

ISBN 3-87287-471-3

Kulinarische Köstlichkeiten
aus dem Biedermeier mit
Spitzwegs ironischen Bildern

ISBN 3-87287-510-8

Schlemmen im Dreivierteltakt
– und die Musik ist auch
dabei!

ISBN 3-87287-474-8

Die Musikwelt bittet zu Tisch
– zu Gast bei Familie Strauss

ISBN 3-87287-467-5

Bei diesen süssen Genüssen
konnte selbst Kaiserin Sisi
nicht widerstehen

ISBN 3-87287-486-1

Das italienische Kochbuch
vom Begründer der beliebte-
sten Länderküche

ISBN 3-87287-443-8